Wolfgang Bergmann

Lasst eure Kinder in Ruhe!

Gegen den Förderwahn in der Erziehung

Kösel

Verlagsgruppe Random House FSC-DEU-0100
Das für dieses Buch verwendete FSC®-zertifizierte Papier
Munken Premium liefert Arctic Paper Munkedals AB, Schweden.

2. Auflage 2011
Copyright © 2011 Kösel-Verlag, München,
in der Verlagsgruppe Random House GmbH
Umschlag: fuchs_design, München
Druck und Bindung: GGP Media GmbH, Pößneck
Printed in Germany
ISBN 978-3-466-30908-5

Weitere Informationen zu diesem Buch und unserem
gesamten lieferbaren Programm finden Sie unter
www.koesel.de

Inhalt

Fördern – bis in der Seele alles leer ist

Was ist eine Blume,
»what is a flower«?

EINER DER BEKANNTESTEN GEHIRNFORSCHER in Deutschland hat es mir ganz plastisch vor Augen geführt: Wenn ein vierjähriges Kind durch eine Wiese läuft, dann erkennen wir mithilfe der bildgebenden Verfahren, über die die moderne Gehirnforschung verfügt, eine Fülle von Gehirnaktivitäten. In allen Arealen leuchtet es auf, die Verschaltungen zwischen den Gehirnregionen sind hoch aktiv, kurzum, das Kind spürt, empfindet und lernt ununterbrochen in ganz hoher Komplexität.

Und nun das andere Bild: Dasselbe Mädchen auf einem Stuhl, es folgt dem Englisch- oder sonst einem normierten Unterricht zur Frühförderung. Was immer dort vorgetragen wird, wie spielerisch sich die Pädagogen und Erzieherinnen auch bemühen: Es sind zwei, höchstens drei Gehirnbereiche, die aufleuchten, die Aktivität zeigen, der Rest ist dunkel und leer.

In den bildgebenden Verfahren können wir heute unmittelbar anschaulich machen, was die Lernpsychologie seit Langem weiß: Alles Lernen ist ein Erfahrungslernen. Womit ein Kind sich beschäftigt, wovon es fasziniert, hingerissen oder erschüttert oder hocherfreut ist und was seine Körperlichkeit zugleich erreicht – all das wirbelt durch den kleinen Kopf und stellt Verknüpfungen her, die zur geistigen Wachheit führen.

Was die Gehirnforschung sagt, sagt auch die Entwicklungspsychologie, sagt auch die Verhaltensforschung und die Bindungsforschung. Sagt auch – wir kommen noch darauf – die große Philosophie. Wir haben ein allgemeines menschliches Wissen darüber, wie Kinder aufwachsen, wie sie sich entfalten und wie diese Entfaltung behindert wird. Aus irgendeinem Grund, der gar nicht richtig zu verstehen ist, machen wir aber ausgerechnet in der Förderpädagogik für die Kleinen haargenau das Gegenteil.

Und Eltern und eine ganze soziale Kultur ziehen eifrig an demselben Strang und rufen: Fördern, fördern – wo es doch um etwas ganz anderes ginge, nämlich darum, den wachen kindlichen Geist zu beflügeln, ihm kleine Glanzlichter aufzustecken, an denen die Kinder Freude haben, sodass sie mit ihrem tagtäglich neuen Erfahrungssammeln am liebsten die ganze Welt umarmen und be-greifen würden.

Machen wir uns dies an einer kleinen beispielhaften Szene deutlich: Ein Kind, vielleicht drei Jahre alt, schaut verzückt auf eine Blume. Es atmet deren fragile Gestalt gleichsam ein. Mit allen Sinnen, mit den Fingerspitzen und der Empfindsamkeit der Haut nimmt es die Eigenart dieses beglückenden Objekts auf. Jetzt lernt dieses Kind ... ach, wenn ich aufzählen wollte, was alles es jetzt gleichzeitig lernt, dann würden die nächsten fünf Seiten dieses Buches dafür nicht ausreichen. Das schmale Gewicht wird empfunden, wie leicht und sanft diese Blume ist, Kindergefühle mischen sich in diese Leichtigkeit (»Ich bin selber ja auch noch klein, fast wie eine Blume«),

Neugier und mehr: Liebevolle Zuwendung zu diesem Naturgeschöpf Blume durchströmt das Kleine, ganz ähnlich, wie der kleine Prinz in der schönen Geschichte von Saint-Exupéry vom Anblick seiner Rose durchströmt wurde. Jetzt, so sagte der kleine Prinz, ist die Blume mir vertraut. Vertrauen also lernt dieses Kind – und wie wichtig ist doch ehrliches Vertrauen, Grundlage jedes Mitgefühls, jeder Moral usw.! All das lernt und fühlt es, *jetzt*, ganz versunken in den Anblick der Blume, die es in den Händen hält.

Jetzt kann man nur hoffen, dass es nicht gerade in einer Kita mit Förderunterricht sitzt. Dann nämlich ist es wahrscheinlich, dass eine Erzieherin sich neben es hockt, ganz spielerisch und freundlich natürlich, und sagt:»Look, this is a flower. Say it again: a flower.« Was immer dieses Kind durchströmte, wird nun auf eine einzige Abstraktion, ein Wortschnipsel gebracht, und dies zu allem Überfluss auch in einer dem Kind unvertrauten Sprache, nicht einmal im Sprachklang findet es seine Gefühle für diese Blume wieder. Das volle plastische und lebendige Bild der Blume erlischt und an seine Stelle tritt eine dürre Vokabel – eine englische, nicht die in Mamas oder Papas Sprache, sondern in einer fremden.

Das soll fördern? Was denn? Das Auswendig-Behalten von Vokabeln vielleicht? Hören wir nur genau hin: auswendig behalten. Die Kinder sollen aber etwas innenwendig aufnehmen, atmen und festhalten. So erleben oder meinetwegen»lernen« sie mit allen Sinnen und Gefühlen Vernunft und Sprache in einem.

Vertrauen, Schritt für Schritt –
bitte sehr!

ABER WAS UND WIE sollte in den vielen Fördereinrichtungen gelehrt werden – und zwar so, dass die frühkindlichen Quellen des Seelischen und Kognitiven wirklich zum Zug kommen? Und nicht unter gar zu viel Übereifer und Drängen verschüttet werden?

Schauen wir ein klein wenig, wie durch ein Vergrößerungsglas, auf das »Lernen« von Kindern im Vorschulalter. Eigentlich ist es kein Lernen, jedenfalls nicht in dem tradierten Sinn, den wir mit diesem Wort verbinden. Lernen mit ein oder zwei oder vier Jahren, das heißt nicht: Dieses und jenes hat ein Kind als Information aufgenommen und speichert es jetzt. Es wird soundso alles wieder vergessen. Lernen in diesem Alter bedeutet etwas anderes, nämlich eine *Aneignung von Welt*, ein *Vertrautwerden mit Welt*.

Wollen wir herausfinden, wie diese Aneignungs- und Bildungsschritte vor sich gehen, müssen wir zuerst auf die Allerkleinsten schauen, mit ihren acht Wochen und acht Monaten. Eine staunenswerte Entwicklung tut sich da auf. So viel vermag dieses Menschenwesen schon, so viel Energie und Wollen sind schon in ihm – und so viele Abhängigkeiten. Schauen wir uns die allerersten Schritte an, sie sind wie ein Modell, in dem das Welt-Lernen dann immer weiter, reifend, fortgeführt wird.

Dieses Lernen muss das kleine Wesen ganz durchdringen, es muss in es hineinwachsen, zur inneren Gewissheit werden. Das sind fließende, gleitende und frohe Lernvorgänge. Sie haben nichts Reglementierendes, nichts Anweisendes. Solche Regeln und Reglements wischen nur die offene Bereitschaft eines Kindes weg, das sich der Welt zuwenden und von ihr bereichert werden will.

Wie sieht solche produktive, die kindlichen Reifungsprozesse stützende und helfende Pädagogik aus? Sie ist hochkomplex.

Ich nehme einen dieser Entwicklungsschritte heraus – Sie werden gleich merken, wie rasch man sich im Gestrüpp dieser vielfältigen sinnlichen und sinnhaften Lernschritte verirrt. Raffen wir also unseren Mut zusammen und stellen uns leichten Herzens der Entwicklungspsychologie und dem, was sie uns über Lernen in einem guten Sinn verrät.

Wir Menschen müssen alles lernen, sogar unsere Gefühle. Die Erforschung der vorgeburtlichen Verfassungen ist noch jung, ihre ersten Ergebnisse bestätigen aber, was wir seit einem halben Jahrhundert aus der Bindungsforschung wissen – und seit mehr als einem Jahrhundert aus der Tiefenpsychologie auch.

Gefühle lernen – wie können wir uns das vorstellen?

Ein Neugeborenes und Kleinkind benötigt Fürsorge, Nahrung und Wärme – darin unterscheidet es sich nicht von neugeborenen Säugetieren. Aber ein kleines Menschenwesen braucht mehr, es benötigt *Anerkennung*.

Anerkennung ist ein Wort aus der Fachsprache, mir

kommt es viel zu nüchtern vor. Ein Kind muss sich geliebt (und geleibt, wenn es dieses Wort denn gäbe) fühlen. »Mama schaut mich an, ganz liebevoll und froh, jetzt durchflutet mich ein Gefühl von Freude. Jetzt lerne ich, was Freude ist. Mama schaut traurig, oder ihre Augen sind leer. Jetzt spüre ich Trauer und eine unendliche Leere in mir.« Im feinfühligen Austausch von Blicken und Lauten, von Nähe und Körper, von einer unendlichen Summe von Empfindungen reift das kindliche Selbst. Es lernt Freude, es lernt Trauer, es beginnt sich zu wehren, wenn es hungert und Mama nicht rasch genug herbeieilt, es empfindet Ohnmacht und Versöhnung.

»Mama schaut mich an, ich fühle Freude« – das ist das eine. Aber ein Kind empfängt nicht nur, es reagiert auch, und zwar auf die Mutter und auf seine eigene innere körperliche und seelische Verfassung gleichzeitig. Ein Kind strampelt vor Vergnügen, weil Mama so hübsch lächelt. – Jetzt lächelt Mama noch mehr.

Das Kind lernt also, dass es mit seinem breiten Lächeln aus seinem kleinen Babygesicht und seinem Strampeln Mama beeinflussen kann. So lernt es sich zweifach kennen, einmal in Abhängigkeit von der Mutter, wenig später abhängig von anderen Bindungspersonen. Dabei lernt es aber auch, wie es mit Körper, Gestik und Mimik Mama und damit »die ganze Welt« beeinflussen kann.

Die mütterlichen Reaktionen, Freude und Ärger, Abwehr und Müdigkeit oder Stolz »modulieren« das erwachende Selbst eines Kleinkindes. Zugleich lernt dieses Kind, immer vielfältiger, immer genauer die mütterli-

14

chen Befindlichkeiten nicht nur zu spiegeln, sondern selbst zu verändern, zu beeinflussen und umzukehren. Aus beidem lernt es sich selber kennen.

»Mama hat vorhin über mein Strampeln breit gelächelt. Das versuche ich gleich noch mal.« Aus seiner Erfahrung formt das Kind Konturen eines Planes: »Mein Lächeln und Strahlen ist unwiderstehlich, das ist schon mal klar. Jetzt heißt es: noch freier und strampeliger zu jauchzen und zu kreischen. Wenn Mama erst einmal lächelt, dann lächle ich auch und zuletzt sind wir beide ganz froh.«

Jetzt trainiert das Kind die Anspannung seiner Muskeln, die Verläufe der nervlichen Sensationen. Zugleich mit seiner seelischen Verfassung spürt es seinen Körper, immer genauer, immer zuverlässiger, immer gleichmäßiger.

Das Selbst des Kindes stabilisiert sich in freiem Austausch mit der Mutter. Nach wenigen Wochen können andere liebevolle »Bezugspersonen« (was für ein grobes Wort für so viel Empfindsamkeiten!) zeitweise an ihre Stelle treten.

Das Kind hat im Verlauf der ersten ca. 18 Lebensmonate ein *Gefühl* eines Selbst aufgebaut – noch kein Ich-Bewusstsein, kein Selbst-Bewusstsein, aber immerhin eine stabile Befindlichkeit – ich hier, die Welt draußen! Im Zentrum dieses Ich-Gefühls stehen diese feinfühligen Kommunikationen, möglichst lange und möglichst regelmäßig mit Mama, später auch mit anderen. Das Kind hat dabei ein gutes, verlässliches, beständiges und tröstendes Mutterbild in sich aufgenommen.

Dieses gute innere Bild ist von jetzt an immer da, im Körpergefühl, beim Strampeln, bei den ersten Lauten und Worten, beim Lächeln und beim Weinen. Es ist ver-innerlicht. Das »gute Mutterbild« ist die Substanz des Ich-Gefühls.

Papa ist in der Zwischenzeit auch immer wichtiger geworden. Das Kind richtet sich auf, wackelig und tollpatschig, aber es stellt sich auf die eigenen Beine, *es will sich der Welt stellen.* Was für ein gewaltiges Abenteuer das ist! In dieser Phase suchen Kinder verstärkt die Bindung zu Papa. Papa (oder wiederum eine sehr vertraute Bindungsperson) muss nämlich diese befremdliche, abenteuerliche Welt erklären, zeigen, deuten, im Spiel erobern. Das ist keine Kleinigkeit.

Nehmen wir ein Beispiel:

Papa und Tochter bauen Türme aus Bauklötzen. Mit vergnügtem Gackern fegt die Kleine den schönen wohlgeformten Turm gegen die Wand, ein Bauklotz erregt ihre Aufmerksamkeit. Jetzt robbt sie los. Während sie sich zielsicher auf diesen einen Bauklotz, den sie – aus welchen Gründen auch immer – ins Auge gefasst hat, zubewegt, robbt, krabbelt, nimmt sie mit ihrem ganzen Körper, mit Muskeln und Nerven und allen »Verschaltungen« ihres kleinen Gehirns in sich auf, was Entfernungen sind, Distanzen, Perspektiven, Dimensionen. Welch gewaltige Anstrengungen für Körper und Geist!

Sie lernt jetzt, ganz abstrakt gesagt, was ein »Raum« ist, welche Ordnungen es im Räumlichen gibt. (Wird dieses Lernen nicht mit allen Sinnen und Kindereifer aufgenommen, droht später ein Unverständnis gegenüber Zahlen und Mengen und geometrischen Figuren. Auf diese Weise entscheidet sich in der frühesten Kindheit Lernerfolg oder -misserfolg beim späteren Lernen in der Schule, nicht durch methodisches Fördern.)

Sie lernt sogar noch viel Schwierigeres, beispielsweise, dass sie selber ein Körper ist, der umgeben ist von anderen Körpern, die mit ihr Zeit und Raum teilen. Im zweiten Teil des Buches erkläre ich, wie soziales Verstehen und Moral mit Lernen zusammenhängen. Ohne das Verständnis für die Eigenart und Eigengesetzlichkeit dieser anderen Kinder, anderen Körper, anderen Objekte gibt es kein aufmerksames Lernen anhand der Weltobjekte und Menschen.

So ein Bauklötzchen ist ja auch ein kleines Wunderwerk. Das Kind betastet die harte Kante, die kühle Fläche, fortwährend speichert es dabei Erfahrungen seines Körpers und seines Intellekts, zugleich wird auch seine Sprache immer genauer.

So lernen Kinder also, ihre Gefühle und ihr Körperempfinden und mit und durch sie die Grundlagen der Ordnungen der Welt. Dies sind nur zwei Entwicklungsschritte, es gibt so viele mehr. Sie machen uns hoffentlich deutlich, wie sehr es uns um innere Vorgänge, leichte und heitere, fließende gehen muss, und nicht um starres Pauken und Behalten und Vokabel-Einbimsen – spielerisch natürlich, versteht sich! – und dergleichen mehr. Nichts davon. Kein Kind wird klüger dadurch. Aber von der Welt »belehrt« zu werden mit Sinnen und Verstand, das öffnet die Seele.

Dieses mutige Sich-Einlassen auf die Eigenarten der Welt der Menschen und Dinge ... verstehen wir, wie radikal der Unterschied zu jedem dirigierten und formalistischen Förderlernen ist?

Liebe statt Leistungsdruck

WAS BEDRÄNGT UNS DA SO, warum dieser Speedy-Reiz ausgerechnet in Bildung und Welterfahrung, wo jeder Student schon im ersten Semester lernt: Bildung heißt auch immer: Zeit verlieren. Zeit müßig aufgeben und sich der Vielheit der Dinge zuwenden. Einstein schwor darauf – kein Wunder, seine Relativitätstheorie fiel ihm in der Badewanne ein, als er sich wohlig von lauwarmem Wasser umspülen ließ. Bei den Philosophen der Antike finden wir Ähnliches, ach, und überhaupt, die ganze menschliche Geistesgeschichte zeigt uns solche gelassene und fruchtbare Lebenseinstellungen. Nur unsere Pädagogen wissen alles besser, bedrängen die Eltern – und die lassen sich bedrängen. Hier ein Überblick darüber, was uns alle da so treibt. Vielleicht können wir es ja abstellen.

Unsere Kinder bereiten uns Sorgen. Zunächst einmal, weil es viel zu wenige sind, und diese wenigen scheinen unter einem fortwährenden Druck zu stehen, den unsere soziale Kultur auf sie ausübt. Viel zu viele sind desinteressiert, auch an jedem Teilbereich von Bildung. Sie bewegen sich manchmal in einem fast autistischen Lebensentwurf, in dem sich alles nur um sie selber dreht, bis dieses »Selber« immer leerer wird und die Kinder verdrossener und traurig werden bis an die Grenze der Depression.

Sie können sich nur schwerlich aufraffen zu diesem oder jenem, dabei wird ihr Leben immer dürrer, leerer.

Ihre Egozentrik verleitet sie zu oft unmotiviert erscheinenden Wutausbrüchen. Solche manchmal massiven Konflikte gibt es in den Familien in hoher Anzahl, die man nur schätzen kann (die aber nach meiner Erfahrung alle vermuteten Zahlen übersteigt) – sie treiben ihre Familien wieder und wieder in Krisen.

So sind sie nicht alle, nein, natürlich nicht. Aber sie kommen in die Grenzbezirke der Erschöpfung ohne erkennbaren Anlass, sind missmutig, obwohl alles oder fast alles da ist und direkt vor ihrer Nase liegt. Was ist es wirklich, was ihnen fehlt?

Wir werden diese Frage in diesem Buch beantworten. Ebenso, wie wir herausfinden werden, warum das typische Lernen in Fördereinrichtungen den allermeisten Kindern gar nichts nutzt, anderen schadet. Nein, unsere Kinder sind in viel zu großer Zahl nicht vergnügt und froh, wenn sie ihre jungen Sinne der Welt zuwenden, ihren Verstand auf Trab bringen mit jedem einzelnen Objekt in ihrer Umgebung, das ihnen in die Hände fällt. Sie haben den erfolgreichen und stimulierenden Umgang damit noch nicht gelernt. Das muss sich ändern, rasch!

Dieses insgesamt wenig bestechende Bild wird umrahmt von wachsenden Ansprüchen an eben dieselben schwierigen Kinder: Mehr messbare Leistung in kürzerer Zeit sollen sie erbringen, schnellere Anpassung an immer neue Situationen, sie sollen den Anforderungen einer informationellen Kultur nachkommen – angesichts ihrer Lebensverfassung ergibt sich eine fatale Situation. Der Zwang, der von der sozialen Kultur ausgeht, wird enger und dichter, damit wird im Selbstgefühl der Kinder das eigene Scheitern im Vorweg schon immer wahrscheinlicher – sie ducken sich, diese Kinder, versuchen den Ansprüchen auszuweichen und wissen nicht, wohin.

Mal intensiver, mal moderat gibt es in fast allen Familien über die ersten 20 Lebensjahre hinweg ein intensives Konfliktpotenzial. Viele Eltern werden dabei bis an die Grenze der Erschöpfung getrieben und darüber hinaus. Unsere Fehler von heute münden in eine hochgradig konfliktanfällige Gesellschaft von morgen. Psychiatrische Diagnosen stehen uns dafür in reicher Zahl zur Verfügung, aber sie sagen ganz wenig über Beschaffenheit und Vorgeschichte dieser Konflikte aus. Sie helfen nicht wirklich.

Und was ist mit unseren Einrichtungen und den zahllosen methodischen Bildungsprogrammen schon für die Kleinsten? Hier soll ja eigentlich in den ersten sechs Lebensjahren Lebensmut geschöpft und kindliche Kreativität, Lebensfreude und »Schaffenskraft« hervorgelockt werden. Aber das geschieht nicht oder kaum. Warum?

Wir haben die falschen Erziehungskonzepte. Wenn es um frühe kindliche Bildung geht, ganz besonders.

Diese Bildungskonzepte mit hundert attraktiven elektronischen Präsentationen, die heute fast jeder Kindergarten mitbringt, sind in den meisten Verbänden, Trägern und besonders den privaten Fördereinrichtungen designt nach schnittigen Vorbildern aus der Werbung. Das ergibt oft eine formale Attraktivität, beispielsweise in den Flyern, die solche Einrichtungen verteilen und die für Eltern sehr verlockend sind: Ah, hier hätten wir unser Kind auf hohem Niveau untergebracht – wir müssen uns keine Vorwürfe machen (Grundangst fast aller jungen Eltern)! Wir bringen es ja in ein hoch attraktives und sozial stimulierendes Milieu. Hier kann es Zukunft schnuppern.

Die Selbstdarstellungen von Kindergärten muss man ganz genau anschauen. Dann erkennt man rasch, wie lebensleer und gefühlsarm das alles letztlich ist. So soll die soziale Zukunft unserer Kinder aussehen – so ganz auf Rivalität abgestellt? Wer ist besser als der andere (was immer »besser« bedeuten mag)? Das seelische Leben vieler Kinder, das sich nach solchen Vorbildern orientiert, ist zu großen Teilen auf reiner Repräsentation aufgebaut. Nicht auf innerer Sicherheit. Auf sauberer und glitzernder Selbstdarstellung, in so frühem Lebensalter schon gelernt und trainiert, und nicht auf der Gewissheit des Geliebtseins.

Aber genau diese Gewissheit brauchen unsere Kinder. Sie brauchen manchmal Lärm und fast immer ein bisschen Chaos, vergnügtes Matschen auf den Spielplätzen, wenn der Schneeregen schwer auf ihre Sandburgen fällt, sie brauchen den freien Atem des Lebens. Den Atem der Freiheit, auch den der Liebe.

Und da hapert es schon wieder.

Natürlich lieben auch moderne Eltern ihre Kinder, aber diese Liebe scheint oft wie erstickt unter den von Eltern selbst nicht durchschauten Leistungszwängen: »Mein Kind muss ganz toll sein, sonst wird es seine Zukunft nicht bewältigen« – lauter Leerformeln, denn was ist »ganz toll«, was ist überhaupt Leistung, wenn es darum geht, eine Blume zu bestaunen oder sie zu schnippeln und zu figurieren? Was heißt denn hier »besser« als der oder die andere? Im Betrachten meiner gleichaltrigen Spielgefährten will ich doch keine Konkurrenten vor mir sehen, sondern Freunde! Aber dieses gefühlte Miteinander, auf das ein Kind – jedes Kind! – sich freut, erstickt unter den prüfenden Augen von Mama und Papa und den Pädagogen: Warst du wenigstens gleichwertig oder doch lieber besser als die anderen Kinder? Auf alle Fälle bist du doch nicht zurückgeblieben, oder? Leistungsvergleiche – und was bleibt dann? Nichts, nur das pure Vergleichen zwischen unserem kleinen Sohn und der kleinen Tochter aus dem Nachbarhaus. Pures Rivalisieren bei Inhalten, die nicht im Geringsten zu Ende gedacht sind. Die nicht einmal ansatzweise etwas von der Feingliedrigkeit des kindlichen Erfahrungslernens benennen.

Wenn man nur genau hinschaut, wird es ganz deutlich: Die Verdrossenheit so vieler Kinder ist letztlich nichts anderes als Liebesarmut.

Die Hektik der Eltern zerschlägt den Vertrauenscharakter, das Urvertrauen, das immer da sein muss und nicht nach Terminkalender erst am Abendtisch aufgeteilt wird. Die Elternliebe kommt heute oft viel zu zögerlich, sie wird viel zu oft von anderen Anlässen unterbrochen, die ein Kind nicht verstehen kann und auch nicht verstehen will. Und immer spüren die Kinder dabei die Unsicherheit ihrer wichtigsten Bindungspersonen – Mama und Papa.

Zu oft treten nicht nur bei den Kindern und ihren Anstrengungen des Lernens Versagensängste hervor, sondern auch bei den Eltern. Damit kommt aber kein Kind
zurecht. Es will starke Eltern, sie müssen unerschütter-
lich sein. Ein zweifacher Fels in der Brandung dieses so
jungen Lebens. Und denken wir einmal ganz lange und
mit viel Geduld nach (was wir sonst ja kaum tun, dies
hier ist ein guter Anlass!): Was kann diese Stärke von Eltern denn letztlich sein? Was denn anderes als Liebe!
Wird sie verfehlt, ist alles verloren.

Kinder schaffen kleine Wunder

DIE KINDER, DIE GANZ KLEINEN SCHON, gestalten und formen, den ganzen Tag lang. Man muss ihnen nur zusehen dabei, man kommt aus dem Staunen nicht heraus. Kleine Wunder entstehen da unter den unbeholfenen Händen, die mit jeder Gestaltung, jeder Form, jedem Kneten, Zerren und Reißen, jedem Bauen und Stapeln lernen und lernen.

Aber Kinder »lernen« ja nicht nur, sie entfalten – nicht nur ihren kleinen Geist, sondern gleichzeitig, und das übersehen wir so leicht, *die ganze Welt*. Sie ist in ihren Fingern, in ihrem feinen Tastsinn, in ihren Händen, Armen und den unaufhörlichen Bewegungen ihrer kleinen Körper – die äußere Welt nimmt im kindlichen Abbild eine ganz einzigartige Gestalt an. Jedes Kind erfindet die Welt, schafft sie neu aus seiner Fantasie.

Und ist es nicht auch eine wirkliche Welt, eine wahre? Sind wir denn sicher, wir Erwachsenen, dass nur unsere von Vernunft geordnete Welt eine reale ist?

Und die fantastische Welt der Kinder: Ist sie nicht mindestens so real wie ihre Träume und unsere Wünsche, unsere unbewussten Ängste, unser unbewusster Zorn und unsere unbewusste Liebe?

Natürlich ist sie das. In dieser vom Kind geformten Welt, mag sie noch so unfertig erscheinen, spiegelt sich dies alles. Unsere seelische Realität, die Wirklichkeit unserer Träume, die Wirklichkeit unserer Hoffnungen.

Und Hoffnungen sind doch auch ganz real, das weiß jeder. Hoffnung weist über das Vorhandene, das Gegebene hinaus. Hoffnung ist ein Blick auf etwas, das noch nicht da ist, aber seelisch schon ganz nah und vertraut. Hoffnung ist mehr Sein, als man in diesem Augenblick sein darf, ist Aufbrechen der Beengung, Auflösen des normativ Eingezwängten – das alles ist Hoffnung. Sogar für uns Erwachsene – und für die Kinder erst recht.

Hoffnungsfrohes Gestalten, voller Zeichen und Verweise auf die kindliche Seele und auf unsere, auf die kindliche Welt und auf unsere: Wir müssen sie nur entziffern, diese Welt, dann erscheint sie uns plötzlich seltsam vertraut.

Ach, wie viel von uns selber in dieser kindlichen Fantasie ist! Fantasie ist ja nichts Losgerissenes, das kindlich-spielende Fantasiegebilde ist Spiegel des Kinderlebens und Ausdruck seiner Erfahrungen, beides gleichzeitig. Das ist seine Einzigartigkeit, seine Komplexität.

In unseren Kindergärten und anderen pädagogischen Einrichtungen versuchen wir soeben, den Kindern diese Freiheit auszutreiben. Damit stirbt das Hoffen auch, das unfertig Gestaltete, das noch Wirklichkeit werden will und unter den Kinderhänden in kleinen gebastelten Symbolen schon geworden ist.

Die Pädagogen begreifen das aber nicht, die Politiker auch nicht. Und die Funktionäre unserer Kirchen auch nicht. Das ist ihre Verfehlung. Ich werfe sie ihnen vor. Und wenn wir schon davon reden, dann sollten wir auch von Jesus sprechen, diesem begnadeten Pädagogen.

Als Jesus sich auf seinen Pilgerweg machte, fort aus der Heimat, da war er, unterwegs auf staubigen, manchmal von Römern kontrollierten, oft feindlichen Straßen, getragen von Zukunft, von Erwartung, von Hoffnung auf die Erfüllung, die er schon vollendet in sich selber spürte. Aber real war sie nicht, bei Weitem nicht so real wie eine Kinderspielwelt.

Realität wurde sie erst dadurch, dass seine innere Wahrheit zu einer äußeren wurde, durch seine Worte, seine Predigten, wohl auch seine Gestalt, seine Körperlichkeit, *seine Gegenwart*. Die Wunder, nebenbei bemerkt, spielen dabei eine untergeordnete Rolle, so erstaunlich sie uns heute anrühren mögen. Wunder gehörten sozusagen zum Handwerk eines Propheten, das unterschied Jesus nicht von anderen.

Was ihn unterschied, das war die Realität der Hoffnung. Sie würde dann noch die gesamte abendländische Welt und mehr darüber hinaus verändern – von Grund auf. Das alles war ihm schon gewiss, so wie einem Kind seine Zukunft gewiss ist. Seine Freude auf sie ebenso. Wie ein Kind ganz genau weiß, dass es die Welt bereichern wird, wie es jetzt schon mit jeder Geste spürbar macht, dass die Welt erzittern wird vom Glanz seines Daseins.

In jedem Kind erkennen wir, wenn wir die Augen aufmachen, diese Zuversicht, diesen Glanz. Auch und besonders auf diese Weise sind Kinder eine Fortsetzung jenes Weges, den Jesus in Galiläa so schwerlich begann. So müssen wir sie anschauen, mindestens doch in den kirchlichen Kindergärten und Bildungseinrichtungen, wo die Bürokratie heute dieselben geistigen Verwüstungen angerichtet hat wie in allen staatlichen auch. Geradezu gottverlassen ist das! Dann würden wir sie sogar »erziehen«. Erziehen ohne »ziehen«, ohne zu zerren, sondern lenkend, leitend, behütend auf ihr Eigenstes hin, ihre fantastische Hoffnung, die Plastizität ihrer Zukunft.

Er trug eine innere Wahrheit, dieser Jesus, als er sich aus dem Zimmermannladen seines Vaters löste, als er seine Mutter zurückwies. Die Wahrheit war in ihm begründet, sie lässt sich nicht weiter zurückführen, sie lässt sich auch nicht erforschen oder vernünftig legitimieren. Sie war »da«. Und das störte die Welt.

»Nein, unser Kind wird die Welt nicht auf dieselbe Weise erschüttern«, sagen Sie vielleicht. Aber so gewaltig ist der Unterschied des Aufbruchs unseres Heilands damals in Galiläa und der Aufbruch eines Kindes, wenn es seine Welt gestaltend umformt, wieder und wieder, nun auch nicht. Wenn es mit Hoffnung und der randvollen Plastizität seines Verstandes die Welt jedes Mal neu erstehen lässt, zumindest jedes Mal ein bisschen anders, mit einem anderen Blick und einer anderen Weite.

Jesus sagte: »Siehe, es ist alles neu geworden.«[1] So ist es! Dasselbe finden wir, wenn wir nur genau hinschauen, im Spiel unserer Kinder. In ihrer kleinen Welt, ihrer Spielwelt, ihrer Arbeitswelt, ihrer mühseligen Welt der Anpassung und der Anstrengung. Ein anderes Lernen, nicht wahr, als das mühselige nach Plänen und Schritt für Schritt monotone.

Jesus sagte: »Wer Augen hat zu sehen, der sehe.« Für mich werden viele Worte Jesu ganz anschaulich, sie verlieren etwas von ihrem dröhnend-vertrauten Klang, den sie über die Jahrhunderte angenommen haben, wenn ich sie auf Kinder beziehe, auf Kinderspiele, Kinderwünsche. »Siehe, es ist alles neu geworden« – mehr Hoffnung gibt es auf Erden nicht. Schauen wir also hin, auf unsere Kinder, auf jedes einzelne. Dann wird dieses Wort ganz gegenwärtig, nicht aufgeplustert mit Heilsversprechen und Ähnlichem. Nein, es ist hier, vor unseren Augen, wir müssen nur hinschauen und dürfen es mit unserem Bildungseifer nicht nachlässig zertreten. Es ist hier, jetzt, in großer Wahrhaftigkeit.

Ach wehe, meine Mutter reißt mich ein.
Da hab ich Stein auf Stein zu mir gelegt,
und stand schon wie ein kleines Haus,
um das sich groß der Tag bewegt,
sogar allein.
Nun kommt die Mutter,
kommt und reißt mich ein.

So heißt es in einem bewegenden Gedicht von Rainer Maria Rilke. Und weiter: *Sie sieht es nicht, dass einer baut.* Sie erfährt das Wunder nicht, sie hat einen Termin, sie weiß, dass ihr Sohn fünf Vokabeln zurück ist im Vergleich zu seiner Gruppe – was geschieht? »Sie kommt und reißt mich ein.«

Schauen, mit Staunen gemischt, ist Grundlage einer guten Erziehung. Da zerfällt wie von selbst all das, was zurzeit dröhnend durch die Erziehungslandschaft wabert: das ewige Gerede von Gehorsam, Disziplin, Ordnung, Grenzensetzen. Natürlich müssen wir unsere Kinder auch auf die Beschaffenheit des Realen hin gewöhnen, natürlich sollen sie lernen, und Lernen ist manchmal mühselig. Aber das Wichtigste ist es nicht. Das Wichtigste ist dieses Staunen. Unsere Kinder bemerken es sofort. Sie bemerken das Verwundert-Liebevolle in unserem Blick, unserem Staunen. Dann lächeln sie und ihre kleine Spielwelt wird noch größer, noch weiter, noch erfüllter von Hoffnung. Sie wird noch mehr »Neuheit der Welt«. So etwas nenne ich gute Erziehung.

---

[1] Vgl. hierzu mein Buch *Geheimnisvoll wie der Himmel sind Kinder. Was Eltern von Jesus lernen können*, München: Kösel, 2. Aufl. 2010

Das Drama der modernen Kleinfamilie – und der Run auf Förderung

NOCH NIE WUSSTE EINE ELTERNGENERATION so viel über Erziehung, über die körperliche und seelische Entwicklung ihrer Kinder. Noch nie wurden Kinder so genau fachwissenschaftlich beobachtet, in ihren Entwicklungsschritten statistisch erfasst. Und noch nie wurde jede minimale Erkenntnis in Form von Normtabellen über Ärzte und in Schulen an Eltern weitergereicht. Medien nehmen sie auf, Themen wie »Was Ihr Kind alles können sollte!«, in denen jeder einzelne Entwicklungsschritt eines Kleinkindes penibel aufgelistet wird, finden sich in der *Bild am Sonntag* ebenso wie in Frauenzeitschriften. Eltern wissen über alles Bescheid – das macht Angst.

Die Zahlen suggerieren eine Eindeutigkeit, die es in der kindlichen Entwicklung nicht gibt. Folge: Die kleinste Abweichung wird besorgt registriert, jede winzige Andersartigkeit lastet wie ein Schuldvorwurf auf den jungen Eltern. »Müssen wir nicht irgendwas unternehmen?«, fragen sie sich besorgt. »Wollt ihr da gar nichts machen?«, erkundigen sich Großtanten, die auch Frauenzeitschriften lesen, oder ein gebildeter Onkel, der aus *Stern* oder *Spiegel* die gegenwärtigen Erziehungsdebatten genau kennt. Allen gemeinsam ist klar, dass moderne Kindheit ein reines Desaster sein kann: Gefahren und seelische Verirrungen lauern schon im Kindergarten, Kinder mutieren bei geringsten Erziehungsfehlern zu Schlägern und Tyrannen, mobben wie wild herum oder haben Leseschwächen. Das alles prasselt auf die jungen Eltern ein und sie starren wie gebannt auf die pädagogischen Informationen und Debatten und fürchten sich.[1] Das Problem: Unter dem ewig besorgten Blick geht den Eltern ihre Intuition für das Kind verloren. Ihre umstandslos liebevolle Freude darüber, wie es soeben seine Bauklötze stapelt und mit begeistertem Gackern gegen die Wand schleudert – »Sind das nicht Vorzeichen beginnender Gewaltneigung, bahnt sich da ein Amoklauf an?« –, wie es mit jedem Handgriff, mit jedem feinfühligen Betasten der ängstigenden und aufregenden Objekte sich selber und die Welt kennenlernt, wie es beginnt, sie zu modellieren und mit viel Fantasie lustvoll umzugestalten, mal planvoll, mal ungestüm, diese schöne natürliche Freude schwindet unter der Ansammlung von elterlichen Ängsten.

Dabei sind Kinder ganz auf einen sicheren und sichernden Kontakt zu den wichtigsten Menschen, Mutter und Vater, angewiesen. Erst deren bestätigender Blick auf ein Türmchen aus Bauklötzen oder ein anderes kindliches Kunstwerk verankert das unendlich plastische Erkunden und Erkennen verlässlich in der kindlichen Psyche. Wir wissen das heute aus der analytischen Entwicklungspsychologie ebenso wie in erstaunlicher Übereinstimmung mit der fortgeschrittenen Gehirnforschung. Der Mangel an elterlicher Souveränität und bestimmender Sicherheit behindert die Entfaltung von Körpergefühl, Sprache und Selbstbewusstsein und macht die Kleinen unruhig und lustlos.[2]

Woher kommt diese Unsicherheit, verbunden mit dem hastigen Bestreben, um Gottes willen alles richtig und korrekt zu machen – während zugleich Therapeuten aller Art, Sprach- und Benimmtrainer und andere Erziehungscoachs die unsicheren Eltern umlagern und für jede minimale Abweichung die ein oder andere neuartige Methode anzubieten haben, meist begleitet von qualitativen Studien einer willigen und eifrigen Wissenschaft? Die Antwort ist leider etwas kompliziert, deshalb in Stichworten:

1. Die moderne Kleinfamilie ist eine Bindungs- und Harmoniegemeinschaft, fast immer weitgehend isoliert. Nachbarschaften wie auf dem Dorf oder dem großstädtischen Kiez gibt es nicht mehr. Der Verwandtschaftsverbund ist oft schon räumlich zerrissen, ohnehin sind die verwandtschaftlichen Bindungen in aller Regel schwach. Sie haben, anders als in früheren Generationen, keine ökonomische oder soziale Grundlage mehr. Das bedeutet zwar Freiheit von sozialer Kontrolle, das bedeutet auch Ruhe vor ewig besserwisserischen Onkeln und Tanten – und für die Kinder weniger extrem langweilige Verwandtschaftsbesuche an sonnigen Sonntagnachmittagen, die ich als Kind gründlich gehasst habe. Es bedeutet aber auch, dass ein verinnerlichtes, tradiertes Wissen darüber, was in der Kindererziehung richtig oder falsch ist, eben nicht mehr fließend in sozialen Kontakten, in Ge-

sprächen über den Gartenzaun oder an gemütlichen und geschwätzigen Kaffeenachmittagen, gleichsam naturwüchsig, weitergegeben wird. Dieser Verlust an tradiertem und verinnerlichtem Wissen, verbunden mit der relativen sozialen Isolation der Kleinfamilie, hat den enormen Aufschwung von »wissenschaftlicher« Pädagogik auf allen medialen Märkten hervorgebracht.

2. Junge Eltern sind Kinder einer fernseh- und medienorientierten Spaß- und Ego-Generation. Hier das Mann-Ego, dort das Frau-Ego – kein übergeordnetes Ideal von Ehe, keine soziale Norm bindet sie. Letzteres bedeutet zwar soziale Kontrolle, würde in Krisensituationen eine Paarbeziehung aber eben auch stützen. Vielmehr haben beide Partner in einer hoch individualisierten gesellschaftlichen Kultur gelernt, dass vor allem die Erfüllung ihrer jeweiligen Ich-Bedürfnisse ihr Selbstgefühl und ihre Selbstbewusstheit ausmacht und ihre Individualität garantiert. Die Folge: Beide müssen in ihrer Beziehung ihre Bedürftigkeiten fortwährend neu austarieren: »Erfüllst du meine Bedürfnisse nicht ausreichend, gibt es eigentlich keinen Grund, mit dir zusammenzubleiben.« Zugleich haben sie eine tiefe Sehnsucht nach Geborgenheit und Verlässlichkeit, am liebsten Treue bis in den Tod. Fragiler kann eine kleine soziale Einheit nicht sein. [3]

3. Nun kommt das Kind. Das Kind ist das Einzige, das über die beiden Egoismen hinausgreift, in gewisser

Weise von ihnen ablenkt, von ihnen »erlöst«. Das Kind rückt, wie nie zuvor in der Menschheitsgeschichte, ins Zentrum der modernen Familie. Es wird verwöhnt (nicht genau das zutreffende Wort: »Verwöhnen« kann man Kinder mindestens in den ersten zehn Lebensjahren eigentlich gar nicht – der ältere Begriff des Erziehungswissenschaftlers Urie Bonfenbrenner trifft's präziser: »overprotective«, überbeschützt, von hastigen Sorgen umgeben, ziellos, initiativarm als Folge).

Aber verwöhnte Kinder sind in aller Regel unglücklich, im Übrigen zeigen sie seltsamerweise dieselben Verhaltensprobleme wie vernachlässigte Kinder. Kinder wollen sich in einem möglichst geordneten Umfeld zurechtfinden und diese äußeren Ordnungen verinnerlichen, sie wollen sich in den Eigenarten, Gesten, Blicken, Stimmen ihrer Eltern »spiegeln«. Das Gefühl jedoch, dass sich die ganze Welt im Wesentlichen um sie dreht, raubt ihnen dieses Gegenüber. So rutschen sie in dieselbe Egozentrik, in der sich ihre Eltern schon verfangen haben.

4. Das Kind im Zentrum der Partnerschaft – das kann nicht gut gehen. In der Beratung trifft man immer wieder junge Leute, die sich in erster Linie als Mutter oder Vater, dann erst als Frau und Mann, also als geschlecht-lich-attraktive Wesen, und ganz zuletzt erst als Paar empfinden und selber definieren. Kinder werden in eine Art – psychologisch gesprochen – »kollusive« Liebe eingebunden.

Du bist mein Ein und Alles – das heißt zum einen zwar, dass moderne Eltern in der Regel tatsächlich einfühlsamer und liebevoller mit ihren Kindern umgehen als Eltern früherer Generationen. Es heißt aber auch, dass das Kind Sinnersatz, Selbstverwirklichungsersatz für Mutter und Vater ist. Elternliebe gewinnt einen narzisstischen Charakter. Sogar die wenigen sozialen Orientierungen, die den Eltern noch als verbindlich erscheinen, werden nur zögernd an das Kind herangetragen – Streit wird ängstlich vermieden.

Bei vielen jungen Eltern lähmt die Angst davor, von ihrem Kind nicht mehr »geliebt zu werden«, die Konfliktfähigkeit. Paradoxerweise werden die familiären Auseinandersetzungen dadurch nicht beruhigter und seltener, sondern lediglich »ungekonnter«.

5. Verschärft wird diese schwierige Konstellation durch die Zukunftsangst der Eltern. Nie wusste eine Generation von Erwachsenen so wenig von der Zukunft ihrer Kinder. Woraufhin soll ich mein Kind erziehen? Nichts ist eindeutig, weder die Erziehungsziele sind es noch die verinnerlichten moralischen und sozialen Normen, die diese Ziele begründen müssten. An ihre Stelle tritt ein diffuser, lärmend über zahllose Medien verbreiteter Begriff von Bildung, der weitgehend unreflektiert verwendet wird.

Bildung wird vorwiegend als eine Art Ansammlung von Wissen verstanden, als solle eine ganze Kindergeneration auf Jauchs RTL-Millionärsspiel vorbereitet werden. Damit einher geht ein ebenso verschwomme-

ner Begriff von »pädagogischer Förderung«. Je unge-
nauer er ist – nicht nur bei Eltern, bei Politikern und
Pädagogen sieht's nicht viel besser aus –, desto allge-
meiner kann er sich ausbreiten und propagiert werden. Fördern auf Biegen und Brechen.

6. Nun haben wir alle Motive beisammen: Das Kind wird
gefördert, damit es ein kluges Kind wird, ein ganz
besonderes. Die narzisstisch geprägte Bindung zum
Kind geht mit einem diffusen Verständnis von »Förderungen jeglicher Art« Hand in Hand. Eltern vergleichen schon im Vorschulalter ihre Kinder, Maßstab ist
das frühe Lernen. »Kids auf der Überholspur« oder
»Little Giants« heißen privat betriebene Einrichtungen der »Exzellenzpädagogik«. Sie haben lange War-
telisten.

Die Kleinen, eigentlich auf Verwöhnung und ein
weiches Erziehungsklima eingestellt, werden plötzlich
mit unterschwellig harten Leistungsforderungen kon-
frontiert. »Schau mal, der Daniel schreibt schon schön
das Z, du bist erst beim E. Dabei ist Daniel drei Monate
jünger als du.« Aus den Verwöhnungserwartungen –
»Die ganze Welt ist eigentlich nur dazu da, um mich
zu versorgen« – stürzen sie in einen ängstigenden
Leistungsvergleich. Moderne Kindheit ist, von orien-
tierungslosen und gleichzeitig übermäßig an ihre Kinder gebundenen Eltern angetrieben, von unaufhörlichen Vergleichsängsten bestimmt. In der Grundschule
werden diese durch die frühe Selektion der Kinder –
»Du auf die Hauptschule, du aufs Gymnasium« – wei-

ter intensiviert, nachmittags beim Ballett oder Tanzunterricht fortgeführt. Bevor sie sich als soziale Wesen richtig erprobt und kennengelernt haben, lernen schon die Kleinsten zu rivalisieren. Die Kinder sind nicht nur das »Zentrum« der Familie. Sie müssen diese Familie auch nach außen repräsentieren, sie müssen mit ihren Begabungen, ihrem Wohlverhalten usw. deutlich machen, dass diese Familie eine gute, heile Familie ist und sie selber ganz außergewöhnlich begabte oder – neueste pädagogische Wortentdeckung – »originelle« Kinder sind. Eingesperrt in ihre unbewusst narzisstischen Motive, geängstigt von diffusen Zukunfts- und Erziehungsvorstellungen und zusätzlich getrieben von einer öffentlichen Debatte, die Kindheit als eine einzige Katastrophe erscheinen lässt, fahren Eltern ihre Kleinen hektisch von der Nachhilfe zum Ballett und danach zum »therapeutischen Reiten«. Jede Einrichtung trägt ein pädagogisch ausgetüfteltes »Konzept« vor sich her. So verlieren sie die natürliche Freude an der Entwicklung ihrer Kinder und den gelassen-liebevollen Kontakt mit ihnen. Die Kleinen werden unruhig und immer selbstbezogener dabei. Mehr denn je sind die Generationen heute eng verbunden – und stehen ratlos voreinander.

---

[1] Ich treffe in meiner beratend-therapeutischen Praxis solche Eltern regelmäßig an. »Unser Kleiner ist schon zweieinhalb, wahrscheinlich hat er eine Sprachentwicklungsstörung.« (Moderne Eltern ver-

fügen über den Gebrauch zusammengesetzter Substantive so locker wie früher nur Soziologieprofessoren oder Peter Sloterdijk.)»Er müsste doch wenigstens Subjekt und Prädikat ordentlich auf die Reihe bringen, aber er spricht grad mal einzelne Worte«, klagen sie und erkundigen sich, ob vielleicht die eine oder andere Sprachförderung oder sonst eine Therapie angezeigt sei.»Vielleicht ist es ja auch was Seelisches!« Ich schaue auf das Kind, das soeben dabei ist, quietschvergnügt meine wertvollen afrikanischen Kunstgegenstände auseinanderzunehmen und antworte völlig unprofessionell: »Das macht nichts. Ich selber sprach mit knapp drei Jahren kaum ein Wort, stieß nur drei herrische Urlaute aus, kam damit glänzend über die Runden und bin heute auf Podiumsdebatten und Vorträgen nur mit vorgehaltener Schusswaffe zum Schweigen zu bringen.«

2 Er ist so unproduktiv, dieser ewig ängstlich-kontrollierende Blick. Überflüssig ist er auch. Die Zeitspannen der sprachlichen, motorischen und sonstigen Entwicklungen sind sehr viel dehnbarer und individuell unterschiedlicher, als moderne Eltern auch nur ahnen. Das ewig zitierte »Zeitfenster« der Sprachentwicklung beispielsweise, das heute allen Elternpaaren bekannt ist und das sich, einem unausrottbaren Gerücht zufolge, mit dem dritten Lebensjahr unerbittlich schließt, gibt es nach lernpsychologischer Einsicht und aus Sicht der Hirnforscher tatsächlich: Es steht der kindlichen Entwicklung ungefähr bis zum neunten, zehnten Lebensjahr offen!

3 Deshalb der Boom kirchlicher Trauungen. Das Ritual soll ersetzen, was nicht mehr als innere Gewissheit erworben werden kann – doch wenn der Pfarrer von der mystischen »Leibeinheit von Mann und Frau« spricht oder zum Ende der Zeremonie sein »Was Gott gefügt hat, soll der Mensch nicht trennen« murmelt, dann wissen junge Paare nicht wirklich, was gemeint ist. Ich habe im Übrigen den Verdacht, der Pfarrer weiß oft auch nicht ganz genau, wovon gerade die Rede ist. Kurzum: Die sozialkulturelle Entwicklung zu einer hochgradigen Individualisierung »überfordert die Menschen«, so Ralf Dahrendorf in einem seiner letzten Interviews.

Elternliebe macht viel zu oft ängstlich

ELTERN LIEBEN IHRE KINDER. Wäre es nicht so, wäre das Menschengeschlecht längst ausgestorben. Aber Liebe ist schwierig. Warum? Weil sich in liebevolle Gefühle so leicht egoistische Motive einschleichen. Man merkt es gar nicht so richtig.

Wenn Eltern einer Zweieinhalbjährigen allen Ernstes meinen, dass ihr Kind jetzt aber ganz schnell Englisch lernen müsse, weil es sonst im Wettbewerb mit anderen Kindern rettungslos zurückbleibe – was ist das? Liebe? Sorge um das Kind? Aber warum sorgen sie sich nicht mindestens ebenso um eine frohe unbeschwerte (und nicht an Leistung gebundene) Kindheit?

Woher kommt diese übermäßige Sorge, die sich so bedenklich an den vorherrschenden Geist der modernen Kultur anschließt? Woher kommt diese Rivalität (mein Kind ist mindestens so schlau wie die anderen), dieser Leistungsgedanke (mein Kind soll alles sofort lernen) und eine diffuse allgemeine Zukunftsangst, die Eltern auf ihre Kinder verlagern? Woher kommt es, dass so wenig Gefühl für die Freiheit des Kindes, für das frohe uneingeschränkte Erobern seiner kleinen Welt, seiner Entfaltung von Sinn und Verstand vorherrscht?

Wir begegnen einem schwierigen Sachverhalt. Liebe ist nicht autonom, auch die der Eltern nicht. Sie orientiert sich an, ja sie läuft den Vorgaben der allgemeingültigen, dominierenden Kultur hinterher. Und wenn diese Kultur Leistung will und wenig Sinn für kindliche Freude und Freiheit hat, dann sickert das in die Sorgen und Bemühungen auch liebevoller Eltern ein. Das war schon immer so. In unserer Kindheit gab es auch Elternliebe, es gab aber auch die Erziehung zu Disziplin, die alle Anklänge an die soldatische Zucht der preußischen und teilweise der faschistischen Traditionen aufwies, es gab Schläge für Ungehorsam – es gab alle möglichen Formen der Erbarmungslosigkeit.

Heute ist es nicht anders, nur die Erscheinungsformen der durch Anpassung beschädigten Elternliebe haben sich verändert. Heute werden die Kleinen zu Vorzeigeobjekten. Sie sollen aller Welt, der Kindergärtnerin, den anderen Eltern und wem auch immer beweisen, dass sie ganz besondere Kinder sind, hervorragend betreut, geliebt und umsorgt (»Wir lassen uns als Eltern keine Nachlässigkeit nachsagen!«). Zum Leistungsklima, in das die Kinder viel zu früh gezwungen werden, kommt Verwöhnung hinzu. Diese Mischung ist teuflisch.

Elternliebe verschmilzt mit Überfürsorglichkeit, mit Verwöhnung und ist gleichzeitig von Leistungsansprüchen – und entsprechenden Ängsten bei Kindern und Eltern – durchzogen.

Im Ganzen ergibt sich ein Erziehungsklima, in dem die Kleinen einerseits umhegt und behütet werden, andererseits werden sie in Förderungen vom Sprachtraining zum Ballett usw. getrieben. Immer mit dem ausgesprochenen oder unausgesprochenen Anspruch: Unser Kind muss ein ganz tolles Kind sein.

Eltern sitzen den Kindern viel zu sehr »im Nacken«, wissen alles über Entwicklungsschritte der frühen Kindheit, scheuen keine Mühe, ihr Kind zu drei oder vier Trainings und mehr pro Woche zu kutschieren – und die Kleinen bleiben seelisch »klein«. Umhegt und umsorgt und *unselbstständig*.

Ein seltsamer Kreislauf setzt da ein: Je umsorgter die Kinder sind, desto unselbstständiger werden sie, trauen sich kaum etwas zu und wirken oft antriebslos. Der Zwang zu Leistung – schon im Kindergarten, später verschärft in der Grundschule mit ihren Selektionsmechanismen – wird gleichzeitig immer drängender. Es gibt kein Entkommen.

Es gibt nicht, wie früher, autonome Kinderkulturen, im Wald oder auf entlegenen Hinterhöfen. Es gibt kaum noch Geheimnisse der Kindheit. Mama weiß alles, Papa kontrolliert alles – und die unsicheren Kinder trauen sich kaum noch bei Regen auf die Straße. Sie könnten sich ja einen Schnupfen holen. Sie trauen sich kaum noch, einfach mal loszurennen und loszubrüllen, Mama könnte ja eine Verhaltensstörung befürchten, ein Ringkampf auf dem Schulhof führt die ebenso übereifrigen Pädagogen rasch zu der Vermutung, dass eine Gewaltneigung vorliegt – »man liest ja so viel über Amokläufe«.

Überall dieser moralisch-kontrollierende normative Blick. Die Kleinen bekommen keine Luft zum freien Leben, zum lauten Spiel, zum Raufen und Streiten und Sich-Vertragen. Sie werden natürlich nicht friedfertig und leise dabei, sondern unruhig. Da lauert dann schon eine – oft falsche, in fast jedem Fall unzureichende – AD(H)S-Diagnose eines eilfertigen Kinderarztes und daraufhin noch mehr Sorge und Sich-Kümmern und noch mehr Einengung eines freien Kinderlebens.

Sie werden mit sich selber nicht recht bekannt, diese Kinder, sie lernen ihren Körper nicht im heftigen Spiel und Streit kennen, ihre Fähigkeiten nicht außerhalb des bewertenden rivalisierenden Blicks auf andere Kinder, ihre Gemeinschaft und Zugehörigkeit nicht ohne den Druck der Selektion (»Hoffentlich keine Hauptschulempfehlung!«). Überversorgt, insgeheim angstbereit und träge hocken sie vor dem Fernseher oder Computer und hängen Kinderträumen nach. Aber nur virtuellen, fiktiven. Die realen mit Hoffnung und Eifer, Niederlage und Wut und neuer Kraft haben sie gar nicht richtig kennenlernen dürfen.

Mit Liebe auf die Dinge schauen

LIEBE IST EINE ART, die Dinge so anzuschauen, dass sie nicht sogleich geordnet und geteilt, sondern zuerst und vor allem empfunden werden. Kinder können die Welt so anschauen – und wieder meine ich einfache Dinge: ein Blatt, einen Baum, Wasser, das aus einem Brunnen springt. Sie sind mit ihrer ganzen Existenz, mit Leib und Sinnen mittendrin in diesem Schauen. Das nenne ich liebevoll. Wenn es uns gelingt, ein wenig von diesem verwunderten Schauen in uns aufzunehmen, das empfindsam, aber unsentimental in uns eindringt und rumort (also »aufrührt«) und gar nicht so richtig kontrolliert und geordnet werden kann, dann haben wir schon viel verstanden. Dann gelingt auch der nächste Schritt. Wir können nämlich denselben Blick auf unsere Kinder richten, auf das unglaublich Erstaunliche ihrer Existenz: »Dass es dich überhaupt gibt, mein Sohn, meine Tochter, ist unbegreiflich.« Das nenne ich Liebe.

Vielleicht haben Sie einen Termin, einen dringenden (Termine sind immer dringend in unserer Gesellschaftskultur), aber Ihr Vierjähriger hockt ganz verzückt über seinem Haus aus Plastik mit einem Maschinenpark rundum, auf den, wer weiß, woher, soeben ein Blatt von irgendeinem Baum vor dem geöffneten Fenster gesegelt kam. Solch ein Blatt, das Unvorhergesehenste, was einem Maschinenpark oder einem Bauernhof aus Figuren und Basteleien zustoßen kann, muss erst mal betastet werden – erstaunlich, wie sich das anfühlt –, dann probehalber als Dach über eine Garage gelegt werden, wo es aber gleich wieder runtersegelt. Ein höchst ambivalentes Objekt, dieses Blatt. Jetzt wird seine Schwere und seine Faserung erkundet, es ist wie das kindliche Entziffern eines Wunders (das Blatt selbst kam ja auch unvorhersagbar wie ein Wunder reingeflogen). Kluge Eltern lassen sich von solchem Spiel einfangen – vielleicht sind sie gerade zur Tür reingestürzt (»Komm endlich, wir müssen doch los«!) und dann halten sie ein vor diesem völlig versunkenen Erkunden der Wirklichkeit mit allen Mitteln der kindlichen Fantasie.

So ein Blatt – wo kam das bloß her? – ist tatsächlich höchst ver-wunderlich. Ein guter elterlicher Blick wandert vom Blatt zum Vierjährigen und wieder zurück – und der Termin hat ganz bestimmt ein bisschen Zeit! »Dass es das alles gibt, dieses Kind und sein angestrengtes Stirnrunzeln, weil das blöde Blatt schon wieder nicht dort liegen bleibt, wo es hingehört!«

Jetzt, feinfühlig und versunken, Mamas oder Papas bewahrenden Blick neben sich, schöpft ein Kind Zuversicht. In sich selber, seinen feinen Tastsinn und alle anderen Sinne, seine Begabung, mit einem Blatt hundert und mehr praktische Dinge anzustellen, die alle von Fantasie getränkt sind. Das Kind »schlürft« Zuversicht, und zwar in großen Zügen. So geht das!

Ja, gewiss, ich bin an dieser Stelle professionell ein wenig verbohrt, mir fallen nur Beispiele mit Kindern und Eltern ein. Künstlern fallen andere ein – aber dass die Johannespassion beispielsweise mit Liebe zu tun hat, verstehe sogar ich, der ich ein musikalisch ungebildeter Mensch bin, ich höre es einfach. Handwerkern würden wiederum ganz andere Beispiele einfallen, sie alle sind konkret und füllen das Wort so, dass es kein weiteres Wort, kein ergänzendes, krönendes, pathetisches mehr benötigt. Also sag ich's einfach noch mal: Den Mut für die Hoffnung und den Glauben an das Leben erwerben wir durch Liebe. Liebe ist konkret und gegenwärtig, sie ist hier und jetzt. Und sie hat ein großes, meist melancholisches Empfinden für das Vergehen der Zeit. Alles ist nur einmal, nur jetzt, und dann nie wieder. Und Lernen ohne dieses hohe Maß an Liebe, das gelingt nie. Da mögen Profis wissenschaftlich angeleitete Methoden erspinnen wie aus einer Giftküche: Alles zerschellt an der beharrlichen Sinnlichkeit und am Reichtum an Neugier, den die Vorschulkinder in sich tragen. Man müsste diesen Reichtum schon rausdisziplinieren und -exzerpieren, und manchmal habe ich den Eindruck, eben dies passiert in manchem Förderunterricht.

Aber zurück zu Liebe, Bindung und Lernen und wie alles seine Zeit braucht. Bildung, wusste die große Bildungstheorie immer, ist eine Frage der Zeit. Bildung vergeudet Zeit, lockt auf Abwege – wer jetzt direkt auf das Lernziel zumarschiert, als hätte er tatsächlich seelische Marschstiefel an den Füßen, ausgerechnet der verirrt sich. So komplex ist das mit der Bildung.

Zeit verlieren – Voraussetzung wirklicher Bildung. Dazu ein Beispiel:

Nehmen wir die Zeit. Jeden Mittag auf dem Spielplatz mit der zweijährigen, dann vierjährigen, dann sechsjährigen Tochter. Wie sie zum ersten Mal die Schaukel allein in Schwung bringt und ihrem Papa stolz zuruft:»Schau mal, wie hoch ich fliegen kann!« Ein Jahr später fliegt sie noch höher, und manchmal schaut man schon gar nicht mehr hin. Man kennt das ja schon. Und wieder wenige Jahre später läuft man an eben diesem Spielplatz vorbei, hört die Stimmen der Kinder und die Rufe der Mütter, manchmal ist ein Vater dazwischen, und dann steckt es wie ein Kloß im Hals.

Eine kleine, weise Erkenntnis drängt sich auf: Alles war nur einmal, vor sechs Jahren, vor vier Jahren – und jetzt nie wieder. Auch solches Erinnern, das einen manchmal überfällt und meist ein wenig traurig ist, ist Liebe. Jedenfalls schaut man sein Kind, das inzwischen vielleicht eine 13-jährige, zickig pubertierende Göre geworden ist, danach mit anderen Augen an. Gerade wegen dieser Traurigkeit, oder nennen wir sie bescheidener: leisen Melancholie.

»Ach, du bist das, ich erinnere mich, jetzt sehe ich dich auf einmal anders.« Den trotzig verzogenen Mund, das charmant verlorene Betteln, wenn Papa sich beispielsweise beim Streit um die Disco-Zeit am Samstag wieder mal leichter umstimmen lässt als die Mutter: Ich sehe auf einmal wieder unseren Spielplatz in deinem wohlkalkulierten Teenagerblick. Du kannst mich nicht täuschen, jeder Augenaufschlag, wahrscheinlich zigmal vor dem Spiegel ausprobiert, ist ein einziges Täuschungsmanöver, aber dahinter ist etwas ganz anderes, zum Beispiel unser Spielplatz und die vielen Stunden, die wir beide fast vergessen hätten. Noch in deiner Trickserei und

47

Papas sentimental aufschwellendem Herz und seiner Nachgiebigkeit ist viel mehr als nur Schwäche oder Konfliktvermeidung oder sonst was psychologisch Erklärbares, nämlich Liebe!

So schöpfen wir Mut zur Erziehung – zugleich mit dem liebevollen Herumklettern und abenteuerlichen Suchen des Vorschulkindes nach der Welt der Menschen und Dinge. Alles hängt zusammen. Ein gutes Lernen, ein sinnlich-sinnhaftes Lernen statt eines gelenkt-dressierten im Vorschulalter hat Auswirkungen darauf, wie die Pubertät dieses Kindes überstanden wird, und zwar ganz direkte Auswirkung. Und wenn wir angesichts verwirrender ökonomischer und kultureller Weltläufe unserem Kind eigentlich nicht mehr zu sagen haben als ein Achselzucken: Wir wissen auch nicht mehr von unserer und deiner Zukunft als du, mein Sohn, du, meine Tochter. Ich will nur sagen: Zuversicht kommt aus dem Mut. Mut ist Liebe und Hoffnung. Beides ist schwierig geworden, wir wissen so wenig von der Zukunft und versuchen sie umso unerbittlicher in Beschlag zu nehmen – verfügbar zu machen, für uns und unsere Kinder. Und dann wird alles falsch, alles Reale zu einem Vorwand, Dinge und Menschen und Begebenheiten werden zu einem puren Lernmaterial, aus dem die Gefühle schon ganz geschwunden sind.

Können wir also unseren Kindern Zuversicht geben, Vertrauen auf sich selber und ihr Leben, also ihre Zukunft? Ja, das können wir. Aber ganz bestimmt nicht durch Frühförderung und auch nicht dadurch, dass wir ihnen ständig im Nacken sitzen und ihr Leben in verplante »vernünftige« Ziele verpacken. »Ohne Abitur wird man heute doch nichts mehr, lass uns für den nächsten Mathe-Test üben, magst du?« So nicht. So stiften wir keine Zuversicht, bestenfalls gar nichts. Meist aber Angst. Zuversicht hat etwas mit Liebe und Selbstliebe zu tun, jedenfalls bei Kindern, Jugendlichen auch. Die rufen wir als Eltern auf, wenn wir klug sind: jetzt und jetzt und wieder jetzt. Mit unserem Blick, manchmal sentimentalen Einschüben in den Regeln des Alltags, Unterbrechungen der Routine, oft ganz unabsichtliche, ganz unvorbereitete, fast zufällige Blicke, manchmal Worte: Ich liebe dieses Kind. Wir müssen es aber gar nicht aussprechen. Die Kleinen und auch die gar nicht mehr so Kleinen merken es schon. Und »merken« es sich. So werden sie stärker, jetzt und für ihre Zukunft, die nicht mehr die unsere sein wird. Das ist Erziehung zum Guten.

In der Seele ist noch Platz ...
lies mir was vor!

WAS FÜR EIN ABERWITZ: Da werden die Kinder zu Frühförderungen in Deutsch, Türkisch oder Russisch, manche in Chinesisch oder sonst was angehalten, und gleichzeitig entdecken etwa die Kinderärzte in einer Untersuchung der Krankenkassen und der Ärztekammer in Hannover 2010, dass 37 Prozent – ich wiederhole: 37 Prozent – der Kinder unter fünf Jahren noch nie – ich wiederhole: noch nie – vorgelesen wurde.

Gleichzeitig beobachten diese Kinderärzte und eine Reihe anderer Studien, dass die Spracherwerbsstörungen bei Kindern zunehmen. Eine statistisch valide Korrelation zwischen beiden Befunden ist schwer darzustellen, dazu sind die Spracherwerbs- und die Wahrnehmungsvorgänge beim Vorlesen wieder zu komplex. Aber wir brauchen solche Überfeinheiten und Übergenauigkeiten auch gar nicht.

Wem vorgelesen wird, wer aufmerksam auf Mamas Stimme hört, wer dabei den Klang der Worte einatmet und beim Abenteuer der Geschichte mitfiebert, der findet natürlich auch eine feinere Sprache, eine genauere Sprache in sich selbst, mindestens eine vollständigere Sprache. Es drängt sich der Verdacht auf, dass viele Eltern ihre Kinder aus keinem anderen Grund als dem des schlechten Gewissens in die Frühförderung geben.

Die Frühförderinstitutionen haben, etwas überspitzt gesagt, den Charakter des Fernsehapparates. Ein Vier- oder ein Zweijähriger vorm Fernsehapparat, das sieht übel aus. Aber derselbe Zweijährige in einem Förder- kurs, wie er eifrig Englisch lernt und dabei nicht ein Gran klüger wird, das macht ein ganz anderes Bild. Das kön- nen Eltern den Verwandten und anderen Eltern vorzei- gen, das wirkt nicht peinlich, vielleicht sogar engagiert. Es ist aber inhaltlich genau dasselbe, die Störungen dürf- ten auch ganz ähnlich sein.

Nun freilich, dies darf man den Fördereinrichtungen nicht umstandslos zum Vorwurf machen. Viele Pädago- gen und Erzieherinnen dort wissen wahrscheinlich ge- nau, wie unterschiedlich die Motive der Eltern sind. Und sie wissen mit hoher Wahrscheinlichkeit auch, dass nicht alle Motive Bildungsideale für ihre Kinder enthalten. Aber auf der anderen Seite: Geschäft ist Geschäft. Jeder muss ja irgendwie überleben. Nur ist frühkindliche Ent- wicklung der denkbar schlechteste Ort für einen freien marktwirtschaftlichen Wettbewerb.

Als Kleinunternehmer wie »Little Giants« auf einem boomenden, aber auch überfüllten Markt zu handeln, ist nicht einfach. Das Problem liegt in der Gesamtkonstruk- tion, in der Struktur. Sie müsste so sein, dass die Betrei- ber bei fehlender oder falscher Motivation, bei offenkun- digem Widerstand des Kindes usw. die innere Freiheit hätten, gegebenenfalls ein Kind abzulehnen (ich wieder- hole: Unter den gegenwärtigen Voraussetzungen ist dies nicht von ihnen zu erwarten.).

In manchen Einrichtungen, höre ich, passiert dies auch

von Zeit zu Zeit. Das hat meinen Respekt. Aber sicher ist ebenso, dass viele Kinder auch unter ungünstigen Bedingungen, unter fast hoffnungslosen Bedingungen aufgenommen werden. Nun ja, machen wir uns nichts vor, viele Therapeuten nehmen auch Familien an mit schwierigen Kindern und wissen von Anfang an, dass sie für diesen Fall nicht unbedingt die Geeignetsten sind. So ist unsere Gesellschaft organisiert: Immer in Konkurrenz zwischen dem Wohl des Menschen, besonders dem der Kinder, diesem sehr empfindlichen Wohl, und der Not, das Geschäft finanziell aufrechtzuerhalten.

Das lenkt unsere Aufmerksamkeit auf den Nutzen der Fördereinrichtungen ganz allgemein zurück. Bei therapeutischen Einrichtungen und Beratungsstellen wird man den grundsätzlichen Nutzen kaum infrage stellen. Bei den Fördereinrichtungen wie denen des Frühsprachlernens und der »Exzellenzpädagogik« mit ihrer übertriebenen und nicht förderlichen vorzeitigen Wissensvermittlung bezweifle ich in Übereinstimmung mit der deutschen Philosophie seit 300 Jahren und der Gehirnforschung seit drei Jahrzehnten diesen Nutzen radikal.

Nun mag man sagen, Lernen ist schließlich Lernen. Vorlesen am Abend ist ebenso Lernen wie der Worterwerb und die zweite Sprache in den Fördereinrichtungen. Das ist falsch. Wir müssen bei den kindlichen Lernvorgängen begreifen, dass Kinder noch viel mehr als ein lernender Erwachsener in jeder Sekunde eingebunden sind in ein hochkomplexes Geschehen, in Anspannung oder Ablenkung, in Emotionen vielfältiger Art, die die

Kleinen viel mehr überwältigen als Erwachsene. Sie haben ja kaum Distanz dazu, ihre Bindungssuche, ihr Frohsinn, wenn die Kindergärtnerin lächelt, und ihre Traurigkeit, wenn sie auch nur traurig guckt, ihre Ängstlichkeit, die immer auf dem Sprung liegt – denn was wird Mama oder Papa sagen, wenn sie wieder mal nicht genug gelernt haben ... dies alles fließt in den Lernvorgang ein. Und da wird der Unterschied zum Vorlesen abends am Bett doch deutlich.

Und er geht noch viel tiefer. Er geht in die Fundamente der kindlichen Seele hinein. Worte sind ja nicht zuallererst Informationsträger, jedenfalls nicht für Kinder. Sie sind Gefühlsträger, Gefühlsworte. Deswegen achten Kinder viel mehr auf den Laut, den Klang als auf den rationalen Kern eines Wortes.

Was ruft dieser Klang in ihnen hervor? Eine Aufmerksamkeit, eine Freude, eine Erinnerung oder ein Erschrecken? Je nachdem, was der Laut im Erinnern des Kindes initiiert, wird er nun gespeichert.

Das Wort »Wasser« beispielsweise, mit den beiden zischenden »s« in der Mitte, bei denen man schon den Wasserbrunnen fröhlich aufspringen sieht, verbindet sich mit einem schönen Erinnerungsbild vom vergangenen Urlaub.

Jetzt prägt sich der Laut ein und mit dem Laut zugleich das Sprachbild. Jetzt hat ein Kind das zischende Doppel-s eingeprägt und damit die Wahrnehmung für die Doppelkonsonanten geöffnet, wie es später in der Schule heißen wird. Jetzt lernt es, sogar für schulisches Lernen Jahre später.

Es wird immer und immer wieder wissen, dass bei dem Wort »Wasser« (vielleicht schreibt es das Wort am Anfang noch mit einem »V«, macht nichts!) in der Mitte die beiden »s« stehen. So sind Lernvorgänge. Es kommt nicht auf die Rechtschreibung dabei an. Es kommt an auf das Vertrautwerden mit dem Wort.

Genauer gesagt, das Vertrautwerden mit dem Laut, den das Kind als Erstes aufgenommen hat, vielleicht schon im vorsprachlichen Stadium oder einem ganz frühen sprachlichen. Es kommt ganz und gar an auf die emotionale Verarbeitung der Laute, aus denen dann ab dem vierten, fünften oder auch erst sechsten Lebensjahr ein Wortbild entsteht. Dies sind die Übergänge vom Sprachlernen zum Schriftlernen.

Und nun vergleichen wir die beiden Lernsituationen. Mama oder Papa, das kann auch die Großmutter sein oder der Onkel, erzählt eine Geschichte. Meistens ist es eine bekannte Geschichte. Das ist die erste Ebene der Vertrautheit.

Das Kind kuschelt sich froh und in Erwartung unter seine Decke, es schaut Mama oder dem Onkel ins Gesicht. Das Gesicht antwortet, lächelt, das Vertrauen wird mit jedem Lächeln noch einmal vertieft und senkt sich in die Seele des Kindes.

Nun beginnt die Geschichte.

Kinder achten darauf, das tun sie seit Generationen, seit alters her, dass die Geschichten immer gleich erzählt werden. Daran kann man erkennen, wie sehr sie diese Vertrautheit benötigen, wie sehr sie die Gleichmäßigkeit benötigen, damit ihr Erinnern emotional erst gar nicht irritiert wird. Sie wollen das ganz und gar Gewisse, das ganz und gar Sichere.

Jetzt lauschen sie auf die Worte. *Lauschen* sagte ich. Darin ist wieder zuerst der Wortklang gemeint. Es ist wichtig zu verstehen (viele Universitätsprofessoren haben Mühe damit), dass die Kinder zunächst den Sinn über die Laute und die mit ihnen verbundenen Gefühle aufnehmen und einatmen. Fällt diese Laut-Wahrnehmung weg, dann wird auch die bewusste, die rationale Wortwahrnehmung unsicher, irritiert und mindestens sehr schnell wieder aus dem Gedächtnis gelöscht.

Nun kommt zu dem Lautcharakter des Wortes die Stimme des oder der Vorlesenden hinzu: Papas Stimme, Mamas Stimme, Großvaters Stimme oder die des geliebten Onkels eben. Entlang dem wiederum vertrauten Stimmklang ertönen die erwarteten Laute, beides formt sich zu einer Wahrnehmungsgewissheit, einem Wahrnehmungswohlgefühl, einer Wahrnehmungsbindung.

Jetzt durchfließt das Wort mit Klang und Inhalt alle Areale des Gehirns gleichzeitig, die Reflexionen im Stirnbereich, die Speicherung, die der Hippocampus verteilt, das Fließen der hormonellen Botenstoffe, die sich über alle Verschaltungen des Gehirns ergießen. So viel zur biologischen Seite.

Und seelisch ist es so, dass auch eine schreckliche Wendung der Geschichte in diese Vertrautheit eingebunden wird. Diese Vertrautheit versöhnt. Die Kinder lernen also auch, sich dem Ängstigenden, dem manchmal Furchtbaren wie im Märchen zu stellen, wenn sie diese genannten Gewissheiten gleichzeitig in sich versammelt haben. Ein hochkomplexer Lernvorgang, schon wieder. Auch im Inhalt wird Disparates, Widersprüchliches gelernt. Nein, es müssen nicht nur versöhnliche Geschichten mit Feen und Elfen sein, es sei denn, es ist schon sehr spät geworden und die Geschichte wird direkt vor dem Schlafengehen vorgelesen. Da sollte man selbstverständlich Irritationen und alle Schrecken weglassen. Aber sonst nicht zimperlich sein. Beim beruhigten Vorlesen ist dieses vollständige Erfassen von Wirklichkeitssinn und Bindungsgewissheit durch den Lautcharakter des Wortes, der wiederum den Sinncharakter überhaupt erst in das kindliche Gedächtnis einfließen lässt, gesichert auf eine Weise, die auch Dunkles erträglich macht und seine Verarbeitung ermöglicht. (Wie soll das denn alles im genormten Förderunterricht untergebracht werden?)

Es ist die Krux der Pädagogik-Ingenieure, dieser Technokraten, dass sie diese hohe sinnliche und liebende Weltwahrnehmung reduzieren auf instrumentale Anteile, dass sie alles Komplexe wegwischen zugunsten einer Methode. Das kann nicht funktionieren. Selbst wenn Kinder mit zwei oder drei Jahren in vernünftiger Weise die zweite oder dritte oder sonst eine Sprache oder weiß der Himmel was lernen würden: Mit der mechanischen, genormten Methodik gelingt es nie.

Ganz nebenbei: Auch deswegen nicht, weil die großen Namen, die Klassiker der Pädagogik und Entwicklungspsychologie, auf die sich die bilingualen Kindertagesstätten»Little Giants« beispielsweise auf ihrer Webseite beziehen, als seien all diese großen Geister gleichsam beratend zur Seite, in der Praxis dieser Förderung überhaupt keine Rolle spielen.

Ich gehe davon aus, dass die Geschäftsführer dieser Einrichtungen und viele der dort unterrichtenden Pädagogen nie eine eindringliche Lektüre von Erik H. Erikson oder vergleichbaren Entwicklungspsychologen hinter sich gebracht haben. Ist das viel »So tun als ob«-Betrug? Nun, das wohl nicht, eher sind es Taschenspielertricks. Auf Kosten der Kinder.

Mama liest mir vor, das ist wie ein Geschenk. Das ist das erste Gefühl, das ein Kind in sich sammelt, wenn es auf Mamas Gesicht schaut oder sich zur Wand dreht, um in seiner Konzentration ganz und gar nicht abgelenkt zu werden. Und zuhört. Das ist Bindung, Bindung durch Sprache und Gewohnheit.

Das Zweite ist Mamas Stimme. Alle Worte, die jetzt ertönen werden, sind eingefärbt in die Sprache der Mutter (oder des Vaters oder des Onkels). Nun gleitet gleichsam über diese Sprachlaute hinweg der Inhalt der Geschichte. Meist ist er bereits bekannt, also vertraut. Da warten keine unerwarteten Ereignisse, keine Schrecken, keine Abstürze.

Die bekannte Geschichte, die ein Kind oft in bemerkenswerter Weise auswendig gelernt hat und innerlich mitspricht, macht jedes Wort zu einem zutiefst bekannten, zu einem eigenen Wort, macht jeden Laut zu einem eigenen Laut, macht diese Zusammenfügung der Worte mit Laut und Sinn in ihrer Gesamtheit erst ganz und gar verständlich.

Wir sehen schon, wenn wir diesen Vorgang nur umschreiben, wie kompliziert er ist. Und wie klein ist dieses Gehirn, wie schnell überfordert. Also lassen wir uns Zeit mit allem. Geduld. Werden wir nicht nervös, weil Kinder auf Wiederholung und Wiederholung drängen. Manche Eltern meinen leider, das Kleine müsste nun aber neue Informationen, neue Gedanken erfassen, Neues lernen, es muss doch vorangehen, es müssen doch neue Erkenntnisse her. Alles falsch.

Erkenntnisse sammelt man über das Vertraute und die richtige Überschreiung des Vertrauten in dem Moment, in dem es ganz zum eigenen Wissen und Willen geworden ist. Bevor das, was ein Kind jetzt aufnimmt, nicht ganz und gar abgestützt ist durch dieses geschilderte, vielfältige Vertrauen und bevor es nicht zum Eigenen geworden ist, wird jedes Weitergehende nichts anderes erzeugen als ein Auslöschen des vorher Aufgenommenen. Ein Verlieren des Gewussten und Gelernten.

Und nun schauen wir, wie sich aus diesen verinnerlichten Worten auch erste Schriftbilder entfalten. Ich habe am Beispiel des Wassers dargestellt, dass bei vielen Kindern beim wiederholten Laut dieses Wortes und der Erinnerung an einen springenden Brunnen vielleicht im Urlaub oder anderswo auch das Wortbild auftaucht. Das große »W« vielleicht, die beiden »s« in der Mitte, die so fröhlich spritzen, wenn man sie ganz laut heraustönt. Durch die Vergegenwärtigung des Lautes, auch das Spielen mit dem Laut (Eltern sollten dazu ermutigen), gewinnt das Kind über die Lautbedeutung eine Schriftbildbedeutung. Das ist ein fließender Übergang.

Nur: Jetzt tauchen aus Konzentration und Wahrnehmungsdichte durch Bindung, Vertrautheit und Angstfreiheit immer mehr Schriftbilder in die Welt des Kindes ein. Das Kind spielt jetzt auch mit Schriftzeichen und purzelt vergnügt zu Klängen, die es selber hervorbrummelt oder kreischt, und dann wieder Buchstaben – das ist ein wildes Buchstaben- und Ich-kann-Töne-erzeugen-Spiel.

Beobachten Sie Ihr Kind einmal, wenn Sie ihm lange vorgelesen oder mit ihm Schriftbilder angeschaut haben. Es fantasiert. Und zwar so, dass es all das, was ich jetzt hier ellenlang aufgezählt habe, wild durcheinanderpurzeln lässt, es gackert und bruzzelt, malt vielleicht zwischendurch Buchstabenähnliches auf das Papier, alles vermengt. Jetzt lernt es. Für sein ganzes Leben (und nicht nur für das Rivalisieren mit dem Nachbarskind, das immer noch beim D ist und nicht schon beim M).

Nebenbei bemerkt: Kinder lernen erste Schriftbilder über die Lautsprache, das sagt auch die Grundschuldidaktik. Das ist richtig. Sie vergisst aber, dass Kinder auch Wortbilder über die Spannung erwerben, mit der sie eine Geschichte verfolgen, und mit ihrem ganzen Körper, ihren Nervensträngen, ihren Muskulaturen und mit sich selbst als imaginierten Helden im Inneren dieser Geschichte. Auch auf diese Weise machen die Kleinen ganz intuitiv den wichtigen Schritt aus dem reinen abhängig-passiven Lauschen auf Laute hinaus in ihre eigene Vorstellungswelt – aus der dann die Schriftbilder ganz allmählich und immer sicherer hervorgehen.

Eltern sollten sich also klarmachen, je geduldiger, je gelassener, je ruhiger und wiederholter – möglichst immer im Großen und Ganzen um dieselbe Zeit – sie ihrem Kind vorlesen, desto verlässlicher entfalten sie nicht nur ihren »Spracherwerb«, sondern setzen die Grundmuster einer verinnerlichten, also tragfähigen Rechtschreibung. Das ist auch Lernen. Nur darf das Lernen nicht das erste Ziel sein. Sonst geht es schief. Das Lernen ist immer ein willkommenes Nebenprodukt. Es ist so wichtig, dass Mama, Papa, Großonkel oder sonst wer sich nicht von irgendwelchen Zielen treiben lassen, nicht von irgendwelchen Ratschlägen aus Prospekten des Bundesfamilienministeriums oder Ratgeberbüchern, nicht einmal aus den guten, sondern dass sie sich ganz treiben lassen von der Freude.

Heute lese ich meinem Kind wieder die Geschichte vor, ich kann sie jetzt fast schon auswendig. Es ist ein Spaß, dem Kleinen dabei zuzusehen und seine Freude zu spüren, die mich selber freut. So hängt das zusammen, Laut und Lautinhalt, Schrift und Schriftsinn und Freude, Freude an der Bindung und an der Liebe untereinander. Ein anderes Lernen gibt es nicht.

Eines meiner großen Vorbilder, Theodor W. Adorno, hat einmal dazu geschrieben: »Aus welchem anderen Grund sollte ein Gedächtnis sich erinnern als dem, die Liebe zu bewahren.« So einfach kann man es dann letztlich auch sagen.

Eine kleine Zwischenbemerkung. Sie wirft ein bezeichnendes Licht auf die Gesellschaftskultur, in der wir von unseren Kindern Leistung erwarten und ständig von Leistung reden und Eltern ebenfalls unter Leistungszwang stehen. Ich rede von der Fußballweltmeisterschaft 2010. Michael Ballack, wie allseits bekannt, fiel verletzungsbedingt aus. Ein bis dahin weniger bekannter Spieler namens Sami Khedira trat an seine Stelle. Er machte seine Sache gut. Und nun schauen wir einmal genauer hin. Ballack war »Leistungsträger« (das ist schon diese martialische Leistungssprache, an die wir uns gewöhnt haben), sein Ausfall beschwor Katastrophen-Gemälde im Hinblick auf die kommende Weltmeisterschaft: Man muss erst gar nicht hinfahren, das wird ja alles nichts usw. Mit beneidenswerter Ruhe hat offensichtlich unter der Leitung des Bundestrainers eine junge Mannschaft zu einer ganz anderen Haltung gefunden. Ihre Haltung ist vorbildlich für viele Pädagogen und Eltern, die ein oder zwei Generationen älter sind als diese jungen Menschen.

Die Mannschaft sagte, wir beißen uns durch. Leistung macht uns keine Angst, Leistung macht uns Spaß. Wir stürzen uns rein, wir gehen an die Grenzen, da werden wir mal sehen! Aber an welche Grenzen seines Körpers und seiner Talente geht man denn so bereitwillig? Nur an die Talente und darüber hinaus, in denen man sich ganz vertraut fühlt. Also nicht an solche, die einem »eingebimst« worden sind, die man mit Angst und bei Vergleichen mit anderen gelernt hat. Da hat man diesen Mut nicht.

Mut hat man, wenn er aus dem Zentrum des eigenen Willens und der eigenen Begabung aufsteigt. Das war das eine.

Nun will ich auf etwas anderes hinaus. In der *Hannoverschen Allgemeinen Zeitung* vom 17. Juni 2010 las ich folgenden Satz:»Sami Khedira – ist er der bessere Ballack?« Das wirft die Frage auf, was unser Leistungsbegriff wert ist. Nix ist er wert, er hält keine drei Wochen. Da reicht eine Leistung, und ein ganzes anderes Lebenswerk wirkt wie abgeschaltet.

Ballack wurde in Vergleich gesetzt und machte einen schlechten Eindruck. Warum? Weil Ballack der schwächere Spieler war? Nein, natürlich nicht. Ballack wäre immer noch der stärkere Spieler, er wäre immer noch der Bessere auf diesem Platz gewesen. Khedira wäre der Erste gewesen, der dies zugegeben hätte. Aber die öffentliche Wahrnehmung, hier durch eine Zeitung formuliert, wollte gleich das »ganz andere«. Wollte die »neue« Leistung, die vielleicht noch fixere, beweglichere, schnellere, die abrupte, die Leistung als News.

Unser Leistungsbegriff ist nicht einmal so dauerhaft, dass er ein halbes Jahr lang trägt. Er bezeichnet ein Leistungs*event*. Und so schubsen wir oft auch unsere Kinder – ohne es zu merken, ohne es zu wollen – von einem Leistungsevent zu einem anderen.

»Schau mal, jetzt schreibst du schon das Nomen groß, ist das nicht toll?« Der kleine Daniel hat keine Ahnung, was ein Nomen ist. Mama erklärt es geduldig und dann weiß er es immer noch nicht. Im Übrigen ist es ihm egal. Mama aber konzentriert sich auf das Event, darüber vergleicht sie Daniels Leistung mit der anderer. Und spürt gar nicht, wie sehr sie seine ganz besondere, kleine persönliche Leistung dabei entwertet. Und die Bindung seines Leistung-Wollens mit der Bindung an Mama auch gleich. Ist das wirklich so schwer zu begreifen?

Förderung – eine Stippvisite, oder: Hände weg von meinem Spiel

WIR STELLEN UNS DEN FÖRDERUNTERRICHT gern so vor, wie er in den Kinderbilderbüchern steht. Da sitzen brave Kinder um eine Erzieherin, alle schauen mit gespannter Aufmerksamkeit auf kleine Schildchen und Buchstaben. Sie hocken herum, manche lachen, manche quengeln und die Erzieherin bemüht sich, mit allerlei schlauen professionellen pädagogischen Tricks die Aufmerksamkeit der Kinder aufrechtzuerhalten. Dieses Bild ist eine Art Stillleben, das der Wirklichkeit in den allermeisten Kindergärten nicht entspricht, an ganz normalen Tagen nicht und beim Förderunterricht erst recht nicht. Meist ist es ganz anders.

Ich bin in einem ganz normalen christlichen Kindergarten. Aber der scharfe Atem des »Fördern, Fördern!« hat auch diesen Kindergarten, der gar kein Garten mehr ist und sich auch nicht darum bemüht, erreicht. Ich sitze auf einem Stuhl, spreche mit der einen oder anderen Erzieherin, vor allem aber schweige ich und schaue. Einen ganzen sechsstündigen Tag lang entdecke ich nicht einen Vorteil der verplanten Fördermaßnahmen gegenüber dem offenen Spiel und der freien Kommunikation der Kinder. Nicht einen! Gewiss, man muss die Kleinen in ihren ganz eigenen Tätigkeiten immer auch begleiten, beschützen, manchmal zurückführen auf das, was sie begonnen haben und voreilig aufzugeben scheinen. Das alles ist im Sinn guter Kindergarten-Pädagogik. Nicht gut ist ganz einfach dies: die Kinder von ihrer individuellen oder gemeinsamen Tätigkeit wegzuführen – manchmal wegzureißen (vgl. Kapitel »Vanessa und das kaputte Spiel«), um sie einem den Kindern fremden Lernzweck zuzuführen.

Das dürfen wir jetzt als Prinzip formulieren: Hände weg von allem, was sich nicht organisch aus der jeweils aktuellen Erfahrungswelt der Kinder entfalten lässt. Das gilt für die Fünfjährigen und für die Zweieinhalbjährigen erst recht.

Meist ist es so, dass eine kleine Gruppe in einer Ecke hockt – was spielen die gerade? Offensichtlich sind sie ganz vertieft in ihr Spiel, sie schubsen sich ein wenig hin und her – ungefähr zweieinhalb bis dreieinhalb Jahre sind sie alt. Eine Erzieherin steht einige Meter von ihnen entfernt und schaut ihnen zu. Es ist ein für kleine Kinder ruhiges Spiel, offensichtlich konzentrieren sie sich auf irgendwelche Zeichen. Ich trete einige Schritte näher und erkenne, dass sie in der Mitte tatsächlich ein großes Stück Papier liegen haben und eifrig darauf rumkritzeln.

Ihre Kritzelei ist mir so unverständlich wie Kisuaheli, aber den Kindern bedeutet sie etwas. Das merkt man. Offensichtlich »kommunizieren« sie miteinander, haben auch viel Spaß dabei. (»Kommunizieren« ist ein Lieblingswort von Pädagogen, dabei wissen wir gar nicht ganz genau, wie Kinder in diesem Alter sich verständigen, jedenfalls nicht wie wir Erwachsenen, nicht nach

Gesprächsregeln und dergleichen.) Manchmal streiten sie sich, dann haut einer dem anderen voll – patsch! – auf den Arm, der fängt an zu heulen, laut wie eine Sirene, und verstummt im selben Augenblick wieder. Das große Stück Papier in der Mitte der Gruppe ist doch viel interessanter, die anderen Kinder sind auch viel interessanter als die egoistische Jammerei.

So geht es vergnügt vor sich hin und könnte noch eine ganze lange Weile so weitergehen. Was alles die Kinder dabei »lernen« würden in einem pädagogisch-erwachsenen Sinn, kann man sich nur ausmalen. Konzentration beispielsweise, soziales Miteinander, Aufmerksamkeit auf die Zeichen und Signale eines anderen und auf sich selber, die Vermittlung von innen und außen usw.

Alles üben diese Kleinen, aber abrupt ist Schluss mit dem vergnüglichen freien Spiel. Jetzt wird gefördert! Eine Erzieherin klatscht in die Hände. Offensichtlich haben sie ein Losungswort für ihren »Förderunterricht«, sie ruft es, ich habe es nicht verstanden. Neben ihr steht eine andere Erzieherin, sie ist von der Gruppe der Kinder jetzt zu ihrer Kollegin herübergegangen. Alle Kinder aus dem Gruppenraum sollen sich in einem großen Kreis versammeln.

Aber stellen wir uns doch nicht vor, dass die Kleinen nun unbekümmert von ihrer »Arbeit« – was anderes ist ihr Spiel denn als Arbeit? – aufspringen und zum vergnügten Förderunterricht eilen. Keine Spur davon. Meine kleine Gruppe beispielsweise will unbedingt beieinanderbleiben. Die Kinder sind »mittendrin«, mittendrin im Kommunizieren, in der Selbsterfahrung, in der Weltbegreifung (wenn es das Wort denn gäbe). Darin müssen sie jetzt unbedingt gestört werden? Warum eigentlich?

Unweigerlich ist jetzt der Moment gekommen, an dem die Pädagogen die Anstrengung unternehmen müssen, die Kinder zu »motivieren«. Zu ihrer eigenen kindlichkommunizierenden Tätigkeit hätte man sie nicht motivieren müssen, sie waren ja schon mittendrin. Voller Eifer, voller Konzentration, bis in die Haarspitzen konzentriert. Aber der Plan ist in diesen Fördereinrichtungen eben wichtiger als das Leben. Das ist der entscheidende Fehler.

In einer Ecke spielt ein Kind mit sich allein das »Fort-Da«-Spiel. Das ist ein uraltes Kinderspiel, das Kleinkinder gern mit ihren Müttern spielen. Sie halten sich ein Blatt oder die Hände vors Gesicht und gehen davon aus: »Wenn ich Mama nicht mehr sehe, sieht Mama mich auch nicht. Ich verdecke mein Gesicht, jetzt bin ich weg. Ich nehme die Verdeckung weg, jetzt bin ich wieder da.« Das ist ein ungeheures, geradezu metaphysisches Abenteuer für ein Kind.

Der nächste Schritt seiner Entwicklung wird sein, dass es versteht, dass es immer da ist. Ob es sich versteckt oder nicht, es kann nicht aufhören »da« zu sein. Das ist zum einen eine sehr befremdliche Erfahrung, man kommt ja nicht weg! Auf der anderen Seite ist es eine beruhigende Erfahrung. Wenn ich nie weg sein kann, dann können auch Mama und Papa nie ganz weg sein. Das ist die Urerfahrung, ohne die Kinder seelisch völlig aufgeschmissen wären.

Aber sie machen diese Erfahrung ja, sofern sie gute Eltern haben, die sie nicht überehrgeizig in irgendwelche Förderunterrichte stecken. »Mama ist ja da, Opa ist ja da, Papa ist ja da oder die Tante, ich bin ganz sicher.« Auf diesem Hintergrund machen die Kinder die Erfahrung mit der Sichtbarkeit und Unsichtbarkeit des eigenen Körpers. Und das ist schon wieder so ein kompliziertes Ding. Denn der Körper ist sichtbar, obwohl das Kleine selber den anderen Körper mit den Händen oder dem Papier vor Augen ja gar nicht sehen kann. Nun hat es gerade gelernt, dass man sich anschaut, also: »Ich sehe dich und du siehst mich« – und nun wird alles schon wieder viel umständlicher: »Ich sehe dich gar nicht, du siehst mich aber trotzdem.« Spüren wir, wie rätselhaft und befremdlich das ist, was wir Erwachsene wie eine Selbstverständlichkeit in unsere Selbstwahrnehmung eingerichtet haben – aber nichts ist selbstverständlich, es ist wie ein großes Geheimnis.

Ich will damit abbrechen und mit diesem kleinen Beispiel nur einen Fingerzeig geben, in welch höchst individuellen, ganz in sich versunkenen und konzentrierten Lernvorgängen solch ein Kind gefangen ist.

Es spielt also dieses »Fort-Da«-Spiel, ganz für sich. Das geht nicht so gut, zu zweit ist es besser, aber in der Not frisst der Teufel Fliegen. Man kann auch allein spielen, das Gegenüber wird dann eben fantasiert. Damit dringt *noch* eine Imaginationsebene in dies ohnehin komplizierte Spiel ein.

Und nun? Was passiert jetzt? Händeklatschen der Erzieherinnen! Alle zum Förderunterricht.

Wie kümmerlich das ist!

Das Kind will nicht, natürlich will es nicht, das ist sein gutes Recht. Es ist ja in eine der schwierigsten seelisch-sinnlichen Arbeiten eingebunden: ein inneres stabiles Selbstbild zu entfalten. Etwas Komplexeres gibt es unter der Sonne gar nicht. Und nun wird es rüde dabei unterbrochen.

Die Folge? Na, was schon? Wieder eines dieser Rituale, die wir im Umgang von Pädagogen mit Kindern bis zum Überdruss kennen. Die Pädagogen versuchen das Kind zu Dingen zu verleiten, die seinem inneren Ziel nicht entsprechen. Das erzeugt Widerstand, mal großen, mal kleinen. Mal Geschrei und dann seufzen die Pädagogen, mal Nachgiebigkeit und dann denken sie, sie haben es mit einem vernünftigen Kind zu tun. Möglicherweise haben sie es mit einem viel zu nachgiebigen Kind zu tun. Oder möglicherweise mit einem, das gar nicht richtig in sein Spiel vertieft war, weil es vor so vielen Ablenkungen und Unterbrechungen schon gar nicht mehr in der Lage ist, sich auf ein einziges Spiel ganz einzulassen.

Die Kleine mault. Recht hat sie. Ich erkenne erst jetzt, dass es ein Mädchen ist – so groß der Unterschied bei Jungen und Mädchen auch von Anfang an ist, in manchen Selbstentdeckungsphasen sind sie eins wie das andere. Diese Kleine also hebt den Kopf, schaut leicht verstört zu der Gruppe mit der Erzieherin herüber, die schon wieder in die Hände klatscht, und hält sich das Stück Papier vor die Nase.»Daaaa«, lacht sie. Sie erfährt gerade die Freude des Daseins, des Wiederkommens, nachdem sie ja in ihrer eigenen Imagination soeben noch verschwunden war. Freud hat dieses Wort »Fort-Da-Spiel« zum ersten Mal beobachtet bei einem vierjährigen Jungen. Er hat es klug interpretiert und gezeigt, wie sehr dieses Imaginationsspiel Einübung in die Körperlichkeit und die Selbstentdeckung des Körpers ist. Kompliziert, wie die seelisch-geistigen Fortschritte eben sind.

Aber nun wird diese Vollständigkeit des Begreifens und Fühlens unterbrochen zum Zweck der Förderung, die sich im Vergleich dazu schlicht banal ausnimmt. Die zweite Erzieherin bewegt sich auf das Kind zu. Sie will es abholen, nett gemeint, das wirkt aber auf die Kleine wie eine Bedrohung – und ist es ja auch. Die Erzieherin ist stärker, sie kann sie wegzerren. Das Spiel ist vorbei. Und es war so ein frohes Selbstentdeckungsspiel! Sie war gerade mittendrin!

Die Erzieherin greift nach der Hand, selbstverständlich entzieht das Kind ihr die Hand, hält sie hinter den Rücken. Und jetzt sind wir kurz vor einem dieser äußerst unerfreulichen Vorgänge, die wir in jedem Kindergarten und auch zwischen Eltern und Kindern immer wieder beobachten können. Wir sind ganz nah an der körperlichen Auseinandersetzung.

Die Erzieherin versucht die Hand des Mädchens zu greifen, das kreischt auf und lässt sich auf den Boden fallen. Und nun? Haben wir hier ein verstörtes Kind, erste

Ansätze von ADHS oder sonst einen Blödsinn? Nichts davon, wir haben einfach nur schlechte Pädagogik.

Ich wende mich ab, ich kann diese ewigen Missverständnisse, die zu weinenden Kindern führen, einfach nicht mehr sehen. Ich bin im Laufe meiner pädagogischen Tätigkeiten, Beobachtungen und Praxis müde geworden. Immer dieselbe Verständnisarmut, immer dasselbe hartnäckige Belehren und Dirigieren und die Besserwisserei der Erwachsenen.

Eine andere Ecke, zwei kleine Jungen, sie wirken etwas älter, knapp vier Jahre alt, rasen hintereinander her. Sie spielen Fangen und Verstecken, einer krabbelt unter den Tisch, der andere krabbelt hinterher, es ist natürlich ein Höllenlärm, aber ein lustiger.

Beide sind nicht aggressiv, beide streiten sich nicht. Sie spielen Fangen, wie wir es in unserer Kindheit auch gespielt haben. Wir spielten allerdings auf einem alten Kirchenhof, einer grasüberwachsenen Umrandung neben der großen, stolzen gotischen Kirche mitten in einem kleinen Dorf, vier gewaltige, uralte Bäume dazwischen. Dort konnten wir uns verstecken nach Herzenslust und keiner kam, um uns zu motivieren oder zu fördern. Gott, war das eine Kindheit!

Die beiden haben nicht so viel Glück. Eine Erzieherin, inzwischen ungeduldig geworden, beugt sich unter den Tisch und zerrt einen Knaben hervor. Was passiert? Na, was wohl: Geschrei. Und zwar richtiges, wütendes, aggressives Geschrei diesmal. Jetzt haben sie mit ihrer Förderei das soziale Klima endgültig zerstört. Der andere Junge steht betroffen daneben, er weiß sich neben der

Autorität der Erzieherin und dem Mitgefühl für seinen Spielkameraden nicht zu verhalten. Er ist verwirrt. Was fördert *das* in ihm?

Ich breche die Schilderung ab, sie wiederholt sich in gleicher Form in allen Ecken und Enden, und nicht nur an diesem Tag, sondern am nächsten Tag und am übernächsten Tag und am Tag darauf wieder. Es ist der helle Aberwitz. Statt aus den Spielen, die die kleinen Kindergruppen entfalten, ihrer Intensität, ihrem Willen und ihrer Konzentration freie, kreative Spiele zu entwickeln, für jede Kleingruppe ein anderes (das macht Spaß auch für Erzieherinnen), werden sie zu einem einheitlichen Plan gezerrt. Von Motivieren ist jetzt schon gar nicht mehr die Rede, das erkennt man an den erschöpften und seufzenden Gesichtern der Erzieherinnen. Sie sind einfach überfordert.

Aber sie sind nicht oder nur zum Teil von den Kindern überfordert, auch nicht von den verwöhnten modernen Kindern. Sie sind überfordert von einer seelenlosen Lernbürokratie. Nun hocken sie also endlich alle im Kreis, zwei noch mit verheultem Gesicht, die Erzieherin versucht das »Munter«-Spiel. Klatscht wieder in die Hände, alle klatschen mit. Das ist ein vernünftiger Trick, die Pädagogen ebenso wie Showstars beherrschen. Wenn alles schiefgeht, macht man irgendetwas mit Mitklatschen. Das gibt ein Gemeinschaftsgefühl, und Kinder, wie alle Menschen, lieben Gemeinschaft. Die allermeisten klatschen auch, beinahe im Rhythmus, bis auf zwei, die unentwegt trotzig-hilflos die Hände hängen lassen.

Und nun schauen wir uns um, ein Ball kullert in die

Mitte, natürlich greift das eine Kind danach, ein Buchstabe steht auf dem Ball. Es geht aber gar nicht um den Ball, es geht um den albernen Buchstaben. Ich glaube, es ist ein »M«. Alle rufen »M«. Eines oder zwei der Kinder lachen sogar. Also doch alles in Ordnung, es ist ja ein moderner Förderunterricht! Alles ganz spielerisch? Ach was, es ist eine pädagogische Bankrotterklärung, die Planung für wichtig und den Einfallsreichtum und das Spiel der Kinder im Vergleich damit für minder bedeutsam hält.

Ist uns eigentlich einmal aufgefallen, wie unbedacht wir in Bildungsinstitutionen davon sprechen, dass wir dort »die Kinder auf das Leben vorbereiten«? Ja, was soll das denn heißen? Leben sie etwa noch nicht? Nicht hier, direkt vor unseren Augen, wo sie spielen und lachen? Und wir haben immer nur »Vorbereitung« im Sinn, also das Hinzielen auf andere Zwecke jenseits der Körperlichkeit, der Gegenwart, der belustigenden und belebenden Wirklichkeit unserer Kinder. Sind wir denn von Sinnen? Wenn wir wieder und wieder nur so denken, in »Vorbereitungen«, dann entgeht uns natürlich das Wichtigste. Uns entgeht das schlaue Funkeln ihrer Augen, uns entgehen die freundlichen Grimassen, die sie hinter unserem Rücken schneiden und die gar nicht bös gemeint sind, uns entgeht ihre Trauer und ihre Fröhlichkeit. Uns entgehen unsere Kinder.

Vanessa und das kaputte Spiel

ANGESICHTS VON MISSBRAUCHSFÄLLEN in Kindergärten (von denen sich hinterher nicht wenige als Irrtümer herausstellten) forderte ein Kriminalsoziologe, die Kindergärten müssten so übersichtlich sein, dass es nirgendwo versteckte Ecken, Höhlen und unüberschaubare Bereiche geben dürfe. Dies ist wieder – im vielleicht wohlgemeinten Übereifer gesprochen – ein Ausdruck der völligen Seelenleere, die wir dem empfindsamen Leben unserer Kinder entgegenbringen.

Nein, sie brauchen Verstecke, das Sich-Verbergen, sie brauchen die Höhlen, die vielleicht an den Mutterleib erinnern, die in jedem Fall eine Art biotische Geborgenheit darstellen. Sie benötigen sie. Ein Soziologe kann das nicht wissen.

Vielleicht sollten wir, Eltern, Pädagogen, Fachpublizisten, es aber wenigstens wissen?! Jedenfalls ging die Botschaft quer durch die Medien, und vielleicht haben sich manche Kindergärten tatsächlich daran gehalten. Das wäre ein Jammer. Und damit kommen wir zu einer Dreijährigen, vielleicht ist sie auch dreieinhalb, auf die mein Blick jetzt fällt. Ich nenne sie Vanessa.

Vanessa hockt fast allein in einer Ecke, von den Erzieherinnen ist sie nur schwer zu sehen, die müssten einmal zur Seite treten und dann um die Ecke lugen. Aber das tun sie nicht, Gott sei Dank.

Vanessa spielt mit einem Stück Papier, gut einen Meter

von ihr entfernt hockt eine etwa zweieinhalbjährige stille Bewunderin. Diese Kleine rührt sich kaum vom Fleck, schaut nur hingerissen auf das, was Vanessa an Kunststückchen zusammenbringt. Die beiden haben eine richtig gute Zeit miteinander.

Vanessa hält das Papierstückchen, etwa einen DIN-A4-Bogen, in der Hand, knallt es und wirft es in die Luft. Dann versucht sie es aufzufangen, das gelingt natürlich nicht. Weil dieses Papier nicht gerade wie ein Stein runterfällt (schon wieder: Gott sei Dank!), sondern hin und her wackelt, muss Vanessa regelrecht wie Oliver Kahn in seinen besten Jahren danach hechten.

Einmal gelingt es ihr, ein quietschender Freudenschrei. Die kleine Bewunderin klatscht vor Freude in die Hände.

Vanessas Triumph ist auch ihr Triumph. Eine innige Kommunikation zwischen den beiden, wenn wir bei Kindern dieses Alters das abstrakte und allgemeine Wort »Kommunikation« überhaupt benutzen wollen, dieses sperrige ungenügende Wort.

Vanessa entdeckt jetzt ein Spiel, das so strukturiert ist, dass uns als erwachsenen Zuschauern vor so viel Einfallsreichtum und Klugheit schier die Ohren flattern. Vanessa macht nämlich Folgendes: Sie wirft das geknüllte Papier noch einmal in die Luft, verfolgt seine Linie, dann streicht sie das Papier glatt und zeichnet mit einem dicken Bleistift die Luftbewegungen nach. Natürlich nicht genau, vielleicht nicht einmal ungefähr. Aber ihre Intention ist ganz klar, sie will die Luftbewegungen aufzeichnen.

Eine merkwürdige Verbindung von Spiel, Körperbewegung und geradezu technischem Verstehen und Darstellen.

Und noch einmal von vorn: Der geknüllte Ball, er wird in die Luft befördert, er flattert zurück, Vanessa greift ihn auf, streicht das Papier mit unendlicher Geduld wieder glatt (so viel Konzentration erfährt ein Kind in keinem Konzentrationstraining, das den Kleinen heutzutage aufgezwungen wird, meist völlig sinnlos) und schließt kurz die Augen, erinnert sich an die Luftlinien mehr oder weniger und zeichnet sie mehr oder weniger genau nach. Die kleine Beobachterin erstarrt vor Bewunderung. So etwas hat sie überhaupt noch nie gesehen. Dass es die Dinge gibt und dass man sie dann aufzeigen kann, das ist ja schon eine wahnwitzige Tatsache. Aber dass sie sich bewegen und sogar die Bewegungen aufgezeichnet werden können, obwohl die Bewegung dann ja vorbei ist und nie, nie wiederholt werden kann, das ist der helle Wahnsinn. Die Zweieinhalbjährige ist zutiefst beeindruckt.

Ich wünschte, ich würde lesen können, was für ein großartiger philosophischer Gedanke durch ihren Kopf marschiert. Gedanke? Nun ja, es sind wohl mehr Bilder, kleine eilige Bilder, kleine Nachzeichnungen des Gesehenen und Geschehenen, innere Bilder eben, aus denen alles Seelenleben hervorgeht.

Sprechen tun die beiden übrigens überhaupt nicht, weder miteinander noch mit sich selbst. Sie quietschen nur, quieken, lachen oder sagen auch mal verärgert »ba«.

»Nun kommt die Mutter, kommt und reißt mich ein ...«
Nur ist es diesmal keine Mutter, sondern eine Erzieherin.
Sie ruft zum Förderunterricht! Exklusiv und exzellent
soll alles sein. Herr im Himmel, haben wir alle Sinne
noch beieinander?

Was war denn exzellenter als Vanessas ingenieurähn-
liche Nachzeichnung von Flugbewegungen, was war
denn bildungsträchtiger als ihr raffiniertes Auffangspiel,
ihr Knüllen und wieder Entblättern, wieder Knüllen und
alls ganz von vorn, was war denn konzentrierter und
förderlicher? Das einzige Problem besteht darin, dass
Vanessa nun wieder in die Gemeinschaft aller Kinder
reingeholt werden muss, auf Biegen und Brechen.

Die Erzieherin ist daran gar nicht schuld, sie muss die
Kinder zu einheitlichen Tätigkeiten anstiften, wie soll sie
denn sonst Fortschritte und Rückschritte dokumentie-
ren, woher sollen denn sonst die Vergleiche kommen?
Nein, die Erzieherin ist nicht schuld, das Prinzip ist es.
Es ist falsch.

Auf das Dazwischentreten der Erzieherin reagiert Vanessa verständnislos. Recht hat das Kind. Was sollte sie
denn auch verstehen? Dass sie das, was sie jetzt mit viel
Freude und wahrscheinlich ein bisschen Eitelkeit vor
ihrer ein Jahr jüngeren Bewunderin so innig gespielt
hatte, aufgeben soll, um irgendetwas ganz Ähnliches mit
allen anderen Kindern (wo bleibt denn da die kleine
Eitelkeit, der kleine Kinderstolz?) zu wiederholen?

Dafür soll man Verständnis aufbringen? Das kann
doch gar kein Mensch verstehen, weil es unverständlich
ist. Blödsinnig ist es, um genau zu sein.

Vanessa ist kein trotziges Kind, sie ist gehorsam. Abgesehen von ihrem verständnislosen Blick greift sie stumm die Hand der Erzieherin, die sie in den Förderkreis der anderen hineinzieht. Mir kommt es so vor (aber das ist sicher eine Einbildung), als würde sie heimlich den Kopf schütteln.

Die beiden gehen langsam, die Erzieherin keineswegs unfreundlich, sondern mit einschmeichelnder Stimme, auf den Kreis der anderen zu. Dort wird schon nach Kräften »gefördert«. Und so könnte zumindest, abgesehen von dem bedauerlichen Abbruch eines ungemein klugen Spieles, alles noch in Frieden und Eintracht enden. Tut es aber nicht.

Es ist vielmehr so, dass die kleine zweieinhalbjährige Bewunderin plötzlich anfängt zu kreischen, so laut und durchdringend, dass der halbe Kindergarten erschrickt. Es zuckt regelrecht durch die relative Stille dieses Vormittags, wie ein Tongewitter.

Die Kleine brüllt und brüllt, eine Erzieherin eilt zu ihr, nimmt sie in den Arm, aber das Kind ist nicht zu beruhigen. Warum? Auch sie ist um ein aufregendes seelisches und geistiges Erlebnis betrogen worden, sie war ja schon fast Vanessa, fast konnte sie selber Luftlinien zeichnen, fast selber das wackelige Stück Papier auffangen.

Sie hat die bewundernswerte Eigenschaft des Menschlichen erlebt, sich mit einem anderen Menschen zu identifizieren und sich in ihm zu spiegeln. Dies ist übrigens die zentrale menschliche Fähigkeit zur Kommunikation, auch das hatte sie geübt. Und jetzt? Wohin jetzt mit ihr und ihren vielen klugen Erfahrungen?

Sie ist nicht zu beruhigen, sie strampelt, wirft sich auf den Boden, sie kommt nicht in den Förderkreis, sie wird überhaupt nicht mehr gefördert, sondern in irgendeinem Nebenraum wahrscheinlich mit irgendwelchen pädagogischen Mitteln stillgestellt, motivierenden, freundlichen oder auch einschüchternden. Ich kann es nicht verfolgen. Ich will es auch nicht mehr wissen. Mir ist traurig zumute.

Wie lernen unsere Kinder ihre Welt kennen – und werden mutig und schlau?

Was lehren uns die großen Klassiker?

WAS HEISST NUN »RICHTIGES LERNEN«, oder anspruchsvoller gesagt und umfassender: »gute Bildung«?

Dahinter verbergen sich zwei Fragestellungen, die für die geistige und seelische Entwicklung jedes Kindes von ausschlaggebender Bedeutung sind, nämlich: Wie erlebt, wie verinnerlicht ein Kind das Wissen, das es sich beim Umgang mit Sachen und Menschen aneignet? Wie verlaufen die Spuren der Erlebnisse, der Eindrücke und was wird aus ihnen im seelischen Gesamtprozess? Und unaufhebbar damit verbunden die weiterführende Frage: Alles Erleben geschieht im gemeinschaftlichen sozialen Raum. Wie lernt ein Kind in demselben Atemzug neben der Eigenart der Dinge und ihrer Zusammenhänge, was Gemeinschaft ist? Wie erfährt es soziale Moral? Beides müssen wir klären, um über die Kritik an den Fördermodellen hinauszugelangen und ihnen ein zeitgemäßes und konkretes Konzept von Bildung heute entgegenzuhalten.

Um dies zu begreifen, gehen wir zurück auf einen tiefen Einschnitt in die menschliche Geistesgeschichte. Gut 200 Jahre ist das her und heute moderner und gültiger denn je. Was war da geschehen?

Der Philosoph Immanuel Kant proklamierte die menschliche Kraft, sich aus selbstverschuldeten Ab hängigkeiten zu befreien. Er entwarf ein freies, auf die Zukunft bezogenes Menschenbild auf dem Hintergrund eines tiefen Verantwortungsdenkens. Das ist bis heute der Eintritt in ein modernes Zeitalter und seine Geistesgeschichte. Der Pädagoge Friedrich Fröbel, Entwickler und Erfinder der Kindergärten und ein bedeutender Theoretiker, übernahm seine Grundannahmen und entwarf daraus sein Verständnis von Lernen und Bildung, wiederum als offenen, zukunftsgerichteten und trotzdem von insgeheimen menschlichen Kräften gelenkten Reifungsprozess bei Kindern.

Beides schauen wir uns an, von da aus leuchtet uns ein Bild der modernen Verfassung des Menschen entgegen, auch heute noch. Wir müssen freilich genau hinschauen, Lernobjekt hier und lernendes Subjekt da – mit solchen ambivalenten Begriffen kommen wir zu nichts. Es handelt sich um menschliche, kindliche Prozesse, sie sind kompakt und sie anzuschauen freut jeden, der sich für Kinder, Freiheit, Zukunft und die feine Ästhetik alles Lebendigen über das Vernünftige hinaus einen Sinn bewahrt hat.

Wie nimmt ein Kind mit Sinn und Verstand und vor allem Gefühl die Wahrheit der Welt, das »Weltwissen« in sich auf? Wie hängt dies zusammen mit der Entfaltung sozialer Moral? Ich verweise auf Fröbel, auf Kant, nicht um eine Abhandlung über deren Denken zu geben, sondern sozusagen hilfsweise. Was vor allem Fröbel sprachlich fasst, hat in der Pädagogik kaum seinesgleichen. Wir bedienen uns, wo es sinnvoll erscheint.

Haben wir diese »Reifungsprozesse« erst einmal nachvollzogen – das ist meiner Kenntnis nach in den Förderprogrammen nicht der Fall –, dann, und nur dann, verstehen wir auch, wie und warum die Außenwelt ihre Erinnerungsspuren in der Innenwelt eines Kindes markiert und wie diese Spuren sich verdichten zu einem Erfahrungskomplex. Und wie solche Erfahrungen zusammenwachsen zur Entfaltung eines Gemeinschaftscharakters, der sozialen Moral. Ein Kind muss es durchleben. Dabei kann es behindert, aber auch gestützt werden. Alles beginnt mit dem großen Philosophen der Aufklärung, Immanuel Kant. Wir alle stehen geistig-seelisch auf den Schultern dieses großen Denkers. Friedrich Fröbel tat eben dies. Seine Pädagogik ist eine aus dem Geist der Aufklärung. Alles andere trifft die Lebenswelt von Kindern nicht mehr, das war schon vor 200 bzw. 150 Jahren so. Es hat sich seither nicht viel geändert. Paradoxerweise müssen wir tatsächlich auf diese eigentlich ja »alten« Konzepte von Bildung und Lernen zurück, wenn wir uns nicht auf überalterten Irrwegen weiter bewegen wollen, die in der nur scheinbar modernen Wissens- und Förderpädagogik seit einigen Jahrzehnten vorherrschen. Wir waren schon einmal viel weiter!

Fröbel ist das, was die moderne Pädagogik uns heute zu sagen hat. Inzwischen werden seine Erfahrungen breit bestätigt. Die Gehirnforschung und die Verhaltensexperimente der Psychologie, die Tiefenpsychologie und die Bindungsforschung – sie kommen alle zu demselben Ergebnis.

Seine für uns hier wichtige These: Das ganz und gar

Individuelle, auch das eines Kleinkindes, ist bereits auf Gemeinschaft gerichtet. Insofern hatte Kant wie Fröbel nach ihm eine Bildung vor Augen, die nicht formalistisch erstarrt ist, sondern wirklich »auf das Leben vorbereitet«. Und wie? Indem sie ein Kind seinem eigenen Reifen überlässt und ihm dabei nur ein wenig helfend und tröstend zur Seite steht.

Wir vergrößern einmal unsere philosophisch-pädagogische Brille, dann fällt uns auch auf, warum das so einfach tönt und trotzdem gar nicht so leicht zu verstehen und zu machen ist.

Dieses Gemeinschaftliche, das Soziale: Es ist tatsächlich so, die Kleinen haben von Geburt an auch die »soziale Natur« in sich. Früher galten Kinder als störrische Wesen, die man einspannen und dirigieren muss. Nur so könnten sie Gemeinschaftsgeist, gemeinschaftliche Gefühle, Disziplin und dergleichen entwickeln. Das ist aber ganz falsch. Dieses Soziale im Leben – die Kleinen wissen schon, was sie damit anzufangen haben! Es ist ein genetisches und psychisches Wissen, tief in ihnen angelegt. Man kann es hervorlocken, aber leider auch zuschütten und wegdrängen. Das ist wohl das, was derzeit in der Förderpädagogik vor allem geschieht.

Gene und Psyche stecken tief in den Reifungsvorgängen der Kinder im Vorschulalter, besonders der ersten drei Jahre. Dies zu erschließen wäre mit der Betonung auf Planung und Vernunft nie gelungen. Nein, gute Bildungstheorie hat tiefere Wurzeln.

Wir dürfen uns große Denker nicht eng rational verkürzt vorstellen. Gerade Kant hatte ein inniges Verständnis für das Weltgeheimnis, das die menschliche Existenz umhüllt. Bei der Betrachtung des unermesslichen Himmels, der sich über ihn spannt, und dem Abgrund der Seele in ihm, werde er, so schrieb er, überwältigt vom Unaussprechlichen der menschlichen Existenz:»Nein, ich erfasse dies alles, was sich in mir und über mir bildet, nicht, kein Denken und keine Sprache reicht so weit.«

Kants radikales Denken geht an die radix, an die Wurzeln, es ist beharrlich und schweigt, wo die Sprache nicht mehr hinreicht. Wir merken schon, dass eine ewig unermüdlich plappernde Bildungsdebatte in Politik und Wissenschaft, die Tag für Tag neue Konzepte hervorbringt, sich an solcher Ernsthaftigkeit nicht messen kann. Kants Denken lässt sich jedenfalls nicht auf fertige Methoden und abgerundete Denkmodelle einschrumpfen, wie sie in der Frühförderung vorherrschen.

Kant war ein Grenzüberschreiter. Er erfasst die seelischen und charakterlichen Wirklichkeiten der Menschen in großen, umfassenden philosophischen Begriffen. Alles Wahrnehmen und Lernen baut auf innere Gewissheiten, sagt Kant.»Innere Gewissheiten« – dieses sprachlich schöne Wortbild bezieht er auf die ganz frühen Entwicklungsphasen eines Kindes, also auf jene Lebenszeiten, die ein Kind durcheilt, bevor es Sprache und vernünftiges Erkennen der Welt und der Menschen und Dinge ausbildet.

Aber Gewissheiten? Was meint er damit?

Kant spricht zuerst vom innigen Vertrauen, das Kinder ursprünglich auf ihre Mütter und Väter richten und das sich im Lauf ihrer Entwicklung immer weiter festigt. Je mehr Vertrauen, desto unerschrockener und eifriger ihr Blick auf die Welt, ihr Aufnehmen und Aufsagen dieser vielen Weltdinge und ihrer Eigenarten. »Dies hier ist mir bekannt, das da ist ganz fremd, da schaudere ich zurück, dies allerdings kommt mir ähnlich vor wie andere schöne Dinge, die ich schon kennengelernt habe. Hier traue ich mich, ein zweites und drittes Mal hinzusehen und hinzugreifen, zu tasten, zu erkunden und zu spielen. Und danach ist das fremde Ding gar nicht mehr so fremd, schon fast vertraut, ein Stück innerer Gewissheit.«

Aber dann sieht man bei solchen ganz in ihr Nachdenken versunkenen Kindern plötzlich, mitten in ihrem Spiel und Handeln, ein Erschrecken. Plötzlich ist diese Fremdheit der äußeren Welt wieder da, deshalb das Erschrecken – und wo sind Mama oder Papa? Die müssen jetzt aber ganz rasch herbeigerufen werden, *sonst setzt es Gekreisch!*

So ist das. Vater oder Mutter oder vertraute Bindungspersonen müssen immer in irgendwie erreichbarer Nähe sein. Nein, sie sollen nicht unaufhörlich um das Kind herum sein, das wird auch langweilig, und zwar für beide. Aber wenn das Eingeschüchtert-Sein durch das Unbekannte der Welt dann wieder aufflackert, dann müssen sie schnellstens herbeigerufen werden. Wo nämlich Ängstlichkeit ist, da geht alles andere verloren, was an schönen Empfindungen und Einsichten schon erworben worden ist.

So, hin und her, voran und zurück, verläuft der Bildungsprozess eines Kindes. Vertraut sind die Stimme von Mama und Papa, das Wiederkennen der elterlichen Wohnung in vielen Details, die Anordnungen der Möbelstücke, sogar ihre Gerüche. Dies alles schafft verlässliche Nähe,»Gewissheiten« eben. Dies alles schafft ein ursprüngliches Kindervertrauen als Basis der seelischen Entfaltung.

Vertrauen: Kinder üben sich bereitwillig darin ein. Wer schon mit wenigen Lebensmonaten erfahren hat, dass er jeden Morgen ganz zuverlässig von Mama oder der Großmutter, Papa oder dem Großvater, von Mütterlichkeit oder Väterlichkeit in seinem Bettchen und den Kuschelkissen gerufen wird, der findet auch ein ruhiges Fundament für den Tag.

Ein Kind, das viel Urvertrauen erleben durfte, unternimmt froh das abenteuerliche, manchmal befremdliche, manchmal triumphierende Entdecken der Welt. Nicht auf die korrekte Wiedergabe von Fakten kommt es dabei an, sondern ausschließlich darauf, dass sich in ihm ein Sinn für das Wesen und die Schönheit der Welt ausweitet. Damit beginnt alles.

Sind die bei Mama und Papa erworbenen Sicherheiten verlässlich und tief im Kern des kindlichen Ichs und des Erlebens verankert, dann baut sich auch das Erfassen der Dinge der Welt und der Menschen ebenso verlässlich auf. Sind diese»Gewissheiten« freilich ungewiss, brüchig, bleibt auch das Erfahren und Lernen brüchig, fragmentarisch. Ich komme ausführlich darauf zurück.

Kant scheute die großen Worte und das umfassende Denken nicht. Fröbel tat es ihm nach und begründete dadurch eine zutiefst humane und aufgeklärte Tradition der Pädagogik der Moderne. Wir heute sollten uns davon belehren lassen. Dann stehen wir staunend und bewundernd davor, wie die kindlichen körperlichen und seelischen Entwicklungen immer wieder wie eine Einheit zusammenfließen – alles vereint sich zu einem immer klareren Weltbild in den kleinen, feinen und so gewaltigen Entwicklungsschritten eines Kindes.

Die »inneren Gewissheiten« sind, Kant folgend, frühe Lebensgewissheiten, die unmittelbar aus der Bindung an Mama und Papa hervorgehen. Sie erst schaffen den Mut und das Vertrauen eines Kindes in seine eigene Zukunft. Sie sind die Grundlage für den Glauben an das Gute, an das Moralische. Sie sind der Promotor für all das, was den Menschen ausmacht.

Es gibt gar kein sinnvolles Lernen und erst recht keine Bildung ohne »Gemütskräfte« – ein weiterer zentraler Begriff des kantschen Bildungsdenkens –, die immer ein eigenes Maß an Gewissheit haben müssen. Ein Kleinkind muss auf Schritt und Tritt Vertrautem begegnen, dem Wiedererkennen von Räumen und Gesichtern, Körpern und Stimmen.

Auf solch gewisser Grundlage fasst das Kind den Mut, das Bekannte und Vertraute nun zu überschreiten, immer noch mehr wissen zu wollen, als es schon weiß, und sich größere Zusammenhänge anzueignen, obwohl sein kleiner Geist sie noch gar nicht erfassen kann. Die kindliche Neugier ist mutig, der Drang der Kinder, die Welt zu erkunden, ist nahezu unwiderstehlich. Und so baut sich ein Abenteuer und Glück suchendes,

Schönheit und Form suchendes Wahrnehmen in allen Kindern auf.

Die Welt ist verstehbar, sie kann hell und klar sein, wenn ein vertrauensvoller kindlicher Sinn sich ihr zuwendet. Die gesamte klassische Philosophie der Aufklärung ist darin weit und großartig und hat wundervolle Sätze dafür gefunden. Nur unsere Pädagogen und viele Wissenschaftler bleiben dem reichen Fundus des Lebens gegenüber dumpf und zahlenverstrickt.

Die ganze Geistes- und Gedankengeschichte der Menschheit ist in dieser Reihenfolge aufgebaut, erst die Bindung (dazu im folgenden Kapitel mehr und genauer), dann die Entdeckung der Eigenarten der Welt. Und dabei die umwerfende Erkenntnis, dass man selber – das Kind mit seinem trotzigen Willen – doch letztlich ein gemeinschaftliches Wesen ist.

Mal will unser Kind mit seinen Wünschen und Begierden ganz allein sein. Aber das ist ihm dann auch zu wenig. Danach will es unbedingt mit anderen Kindern zusammenkommen – sonst bleibt etwas in ihm unruhig und leer.

Hier scheint sich also ein grundsätzliches seelisches Bedürfnis aufzutun, das wie das »Ich will haben« und andere Egoismen zur seelischen Grundausstattung eines Kindes gehört. Es will mehr sein und in anderen Zusammenhängen fühlen und spielen als immer nur im konzentrischen Kreis des Ego. Auch dies gehört zur Natur eines Kindes.

Wie wichtig dabei die kleinen Dinge der Welt sind! In ihnen sammeln sich die kindlichen Erinnerungen. Sie nisten in der Seele und sind doch zugleich Teil der äußeren Welt. Beides geht Hand in Hand.

Zur Veranschaulichung erzähle ich eine kleine Begebenheit. Sie handelt vom Teddybär meiner Tochter, der auch so ein geheimnisvolles Objekt ist. Vollgestopft mit ganz innigen persönlichen Gefühlen und Erinnerungen eines Kindes und zugleich ein Objekt, an dem so viele schöne Spiele und anderes haften. Immer beides gleichzeitig, wie gesagt. Wir kommen den Dingen auf die Spur! Aber erst meine Geschichte.

Der Teddy: Wer könnte diesem lausigen Stückchen Stoff, löchrig und verschmutzt, ansehen, dass sich in ihm so viele spannende Erfahrungen ansammeln. Liebeserfahrungen. Und Schmerzerfahrungen!

Einmal nämlich war Teddy spurlos verschwunden, hatte sich einfach auf die eigenen Beine gemacht. Einen halben Abend heulte ein verzweifeltes dreijähriges Mädchen in unserer Wohnung, und Papa und ein gutwilliger Freund durchstreiften den Spielplatz, Meter um Meter. So ein kleines, unauffälliges Ding! Wir würden es, würden wir sein Geheimnis nicht verstehen, glatt in den Abfall werfen. Aber das haben wir nicht getan. Der Kummer des Kindes verriet uns, wie viel starke Gefühle in dem Stoff aufbewahrt waren. Der Teddy musste also gefunden werden!

Und weil Liebesobjekte, die unbedingt gefunden werden müssen, dann auch tatsächlich wieder auftauchen, ging die spätabendliche Suche gut aus. »Da ist er ja!« (Wer weiß, ob es nicht zuletzt doch eine ganz magische Kraft war, mit der er sich in Bewegung setzte: »He Leute, hier bin ich. Steckt eure Taschenlampen weg, ich bin wieder da!« Ja, manchmal glaube ich, da webt eine eigene Kraft in diesen leichten und flüchtigen und bedeutungsschweren Dingen wie einem Teddy, aber ich weiß natürlich, dass das ganz unerwachsenes Denken ist. Die Kinder lieben es übrigens, und ich auch!) Teddy war wieder da, noch ein bisschen wässriger und unansehnlicher als zuvor, aber ganz klar ein Beleg für die unsterbliche Kinderliebe. War das ein feierliches Wiedersehen!

Beim Betrachten dieses seltsamen Liebesobjektes fallen uns gleichzeitig viele gemeinschaftliche Erinnerungen ein. In diesem »Ding da« nisten ja so viele kommunikative, verspielte, lachende und streitende Erinnerungen! Drehen wir die Erinnerungen so herum und wieder andersherum, immer sind beide Wirklichkeitsanteile präsent: das Eigene und das Gemeinsame. Immer wird im Kind beides aufgerufen: die innerste Fantasietätigkeit und das Erinnern an gemeinschaftliches Tun. Das kann man gar nicht trennen, ein Kind will das auch nicht. Es ist ja auch fast ein und dasselbe.

Der Teddy und all die anderen vielen Sachen, die so in der Welt herumliegen, haben diesen Charakter – »solitaire und solidaire«, »einsam und gemeinsam«, wie Camus schrieb.

Unser Kind mit seinem kleinen Ich – es weiß zwar nicht, fühlt aber, dass es, wenn es gegen das Gemeinsame verstößt, etwa durch Rohheit oder sture Egozentrik usw., zugleich gegen sich selber, seine innersten Bindungen verstößt. Kein Kind will das.

Und nun wollen wir also verstehen, wie die Welt der

Sachen und der Menschen und die Welt der Gefühle zusammenfließen. Wie werden sie eins, einig? Warum zerreißen sie uns nicht, stehen sie doch in unserer Psyche zunächst einmal ganz fremd nebeneinander? Was ist das für eine geheimnisvolle Kraft, die aus dem Kinderleben spricht und das Eigene und das Gemeinschaftliche verteidigt – und unbedingt das Besondere/Eigene bewahren will und das Gemeinschaftliche auch?

Diesen bewundernswerten seelischen Vorgang – »Ach ja, so kommt die Welt mit Sachen und Menschen und Moral in das Kind« – müssen wir uns vollständiger als bisher vor Augen führen. Dann verstehen wir, was modernes Lernen auf den Schultern der zwei Geistesriesen Fröbel und Kant ausmacht.

Bildung muss eine Brücke sein

BILDUNG SOLL LEHREN, die Welt zu verstehen und zu fühlen. Das beginnt bei einem einzelnen, oft zufälligen Gegenstand. Ein Kind findet ihn, fummelt an ihm herum, zuerst unentschlossen, dann immer zielgenauer, als folge es einem Plan. Das ist aber nicht so. Es folgt zunächst einmal einer unwillkürlichen Intuition, ohne viele Überlegungen. Aber dann verändert es mit jeder Handhabung das Weltobjekt. An jedem zufälligen Gegenstand entdeckt es nun Anteile, die es auch von früher gelernten Gegenständen kennt. Es erkennt Zusammenhänge zwischen Objekt und Objekt. Und nun das Wunderbare: Indem es mit seiner ganzen Kreativität und Fantasie und Freude in die Eigenarten dieses Objekts eintaucht, wird dies ihm immer vertrauter. Ein und derselbe und doch ein anderer Gegenstand, ein inniger nun.

Alles drängt ins Vertraute, Halb-Bekannte, Halb-Erfasste. So stehen wir alle vor der Welt, nicht nur die Kinder. Die Welt liegt wie eine ungeheure Aufgabe vor uns. Es ist ein unabschließbarer Prozess. »Ein weites Feld ...«, wie es bei Fontane in *Effie Briest* heißt.

Fröbel folgte Kant in seiner praktischen Lehre zu Gemeinschaft, Geist und Gewissen. Ungemein spannend ist es zu sehen, wie mit der Entwicklung der abendländischen Geistesgeschichte hin zur Aufklärung (und mit ihrem Ausstieg aus den »selbst verschuldeten geistigen Abhängigkeiten«, wie Kant proklamierte) eine hellere

Sicht auf die Kulturfähigkeit des Menschengeschlechtes fiel. Die düstere, schuldbelastete und geradezu in Orgien von Sühne und Buße schwimmende Bildwelt des mittelalterlichen Menschen zerbrach daran.

Der Ausstieg aus unnötigen Abhängigkeiten wurde bei Kant und Fröbel – ein gewaltiger Schritt in der abendländischen Geistesgeschichte – zur Leitidee der kindlichen Bildung. Individuelle Freiheit und moralische Verpflichtung: gleichzeitig, *so* dachten sie die menschlichen Bildungsprozesse. Davor waren geistesgeschichtlich beide Seiten strikt getrennt, in ein Subjekt, dem Kind, hier und ein Objekt dort, beide einander gegenüber – gerade so, als wären sie nur flüchtig zusammengebunden. Fröbel widersprach dem, der Philosophie der Aufklärung folgend. So sei es eben nicht. Wenn man die Aneignung von Welt nachzeichnen will, dann muss man heute mit einem viel komplexeren Entwicklungsprozess rechnen – ihn zu begreifen, macht neben viel Mühe aber auch viel Spaß.

Schauen wir uns dies etwas konkreter an. Wir beginnen, einer großen philosophischen Tradition folgend, mit dem ganz Alltäglichen, Beliebigen, Üblichen.

Ein Kind vertieft sich in irgendeinen Gegenstand. Das kann, wie gesagt, ein ganz zufälliger sein, darauf kommt es nicht an. Es wird neugierig, denn alle Kinder sind immer auf alles neugierig. Es nimmt ihn an sich und dann beginnt es mit diesem Gegenstand zu hantieren, zu spielen, ihn zu drehen und zu erkunden. Zu explorieren, um auch einmal ein Wort aus den Fachbüchern zu verwenden.

Mit so viel Neugier und Kreativität macht es ihn schließlich zu seinem »eigenen« Gegenstand. Jetzt ist er ein für dieses Kind ganz besonderer Gegenstand geworden. Das zunächst Fremdartige wird immer vertrauter dabei. Fast so, wie der kleine Prinz sich die Rose in Saint-Exupérys Erzählung vertraut machte. Dabei wird der reine Kinder-Egoismus aufgeweicht. Es geht nicht um ein besitzergreifendes Erkunden und Erfassen, sondern um einen fließenden, lernend *erschaffenden* Vorgang. Es lernt nicht stur und passiv, unser Kind, sondern schöpferisch. Es überschreitet sein selbstversponnenes Kinder-Ego.

Kant und Fröbel sagen: Der Mensch ist begabt dazu, sein Handeln und sein Schicksal, seine Wünsche und sein Wollen selbstkritisch zu überprüfen. Und er kann sich und sein Handeln auf die Gemeinschaft hin korrigieren. Kinder sind von Grund auf ebenso sehr soziale Wesen wie kleine hartnäckige Egos.

Das Ego auf der einen und das Gemeinschaftlich-Sittliche auf der anderen Seite – das war in der menschlichen Geistesgeschichte vorher nur eine grobe Aufteilung, wie ein Klotz. Mit Kant und der Aufklärung kam ein anderes Licht in das Spiel.

Kant durchbrach die gedankliche Sperre zwischen Ego und Gemeinschaft. Soziale Moral und individuelles Tun lassen sich nicht voneinander trennen, sagt er. Er entfaltet damit ein neues Verständnis von Individualität und Sozialität. Individuelle Freiheit, sagt Kant, ist kein Gegensatz, sondern ein Teil der sozialen Moral. Beides unaufhebbar miteinander verbandelt.

Dies hier ist ja auch an Komplexität kaum zu überbieten: Das Ego mitsamt seiner inneren Freiheit *und* das Soziale, das auch im Menschen angelegt ist. Beides in einem gleichzeitigen Reifungsprozess zu erleben und immer weiter voranzutreiben, *Aneignung* der Weltdinge statt Fakten stur nachzuplappern – das ist moderne Bildung. Besonders in einer Gesellschaftskultur, in der wie in der unsrigen die Zukunft flexibel und unvorhersehbar ist. Nichts ist beständig.

Wenn unsere Kinder diese vielfältige Plastizität der modernen Welt nicht in den Griff bekommen, dann sind sie von der modernen, lauten und unübersichtlichen Welt rasch überfordert. Dann werden sie hektisch und nervös, unkonzentriert auf jeden Fall. Kinder schaffen sich deshalb eine eigene Ordnung, auch im Gruppengeschehen.

Welch manchmal stilles, mal lautstarkes Chaos diese seelische Reifungsprozesse doch sind. In einem guten Kindergarten herrscht eigentlich immer aufgeregtes und dann wieder beschwichtigtes Durcheinander. Mal gibt es pure Konzentration und dann wieder lauter Quatsch.

Und just aus solchem Chaos formt sich im Lauf der ersten fünf oder sechs Lebensjahre eine tief fundierte geistig-seelische Ordnung. Freilich nur, wenn nicht gelenkt und gelenkt wird. *Locken* müssen die Sachen und Materialien, eine Versuchung sollen sie sein, fast so spannend wie ein Verbot, das man als Kind ja auch unbedingt umgehen muss.

Die Kleinen lassen sich darauf ein, neugierig und gespannt wie ein Flitzebogen und hoch konzentriert, weil es ja nun ganz auf sie selber ankommt und nicht auf fades Nachmachen.

Kants philosophischer Gedanke lautete dazu: Ja, wir Menschen können *miteinander* leben, und nicht nur gegeneinander. Der Mensch ist zur Einsicht in sein eigenes ego-verhangenes Tun fähig. Nein, er ist nicht des Menschen Wolf, sondern sein Spiegel. Wir Menschen müssen unserer »tierischen« Natur, die auch Teil von uns ist, nicht nachgeben, wir können sie in die Geborgenheit der Gemeinschaften einbringen. Sie wird sozialer, Stück um Stück. Dabei lernt ein Kind sich selber als gemeinschaftliches Wesen kennen.

Bei der »Welterkundung«, von der wir in der Nachfolge der großen Aufklärer reden, verändert das Kind sein Objekt fortwährend. Malend und bastelnd erkennt es stolz an jeder Veränderung und Modulation seine ganz eigenen Kompetenzen. *Das Erkunden des Gegenstandes ist immer auch ein Finden der eigenen Fähigkeiten.* Ein dynamischer, kein starrer Vorgang.

Und woher kommt die innere, die seelische Kraft, die zwischen Gegenstandswelt und dem Kinder-Ego eindringlich vermitteln kann? Meine Antwort: Ein Kind muss aus seinen seelischen Kräften eine Brücke bauen.

Ist es nicht wunderbar und irgendwie heiter stimmend, dass sich manche Antworten auf so schwierig daherkommende Fragen ganz einfach, fast kitschig, wie ein Schlagertext erteilen lassen – und trotzdem wahr sind?

Woraus kann die Brücke denn nun bestehen? Ich zögere. Die Antwort ist wirklich äußerst simpel, fast zu simpel, dabei bewegen wir uns doch auf dem höchsten Pegel der neuzeitlichen Philosophie und Pädagogik: Nun aber, nur Mut (sage ich selbstkritisch zu mir). Die Antwort lautet: Es ist die Liebe, die diese Brücke schlägt.

Liebe ist auch nicht einfach, schon wieder etwas so Vertracktes. Die Liebe, von der wir hier reden, kann viele Erscheinungsformen annehmen und ist in der Substanz doch immer dieselbe. Die ersten Spuren der Liebe, ihre Markierungen ins seelische Geschehen hinein, davon müssen wir reden. Wir reden von der stillen Gewissheit, die das Kind in den Armen der Mutter, des Vaters empfangen hat, viele Male, Tag für Tag. So wird sie sicherer Seelenbestand. Eine Behütung!

Die ersten »Werdungen« des kleinkindlichen Selbst, wenn es an Mamas Brust oder auf Papas Arm die Dinge ringsum betastet und neugierig in den Mund steckt: Es will sie sich »zu eigen machen«. Dann das erste Selber-Bauen mit Klötzchen, die ersten Worte und Sätze, schließlich die mutige Hinwendung zur sozialen Umwelt, weg vom Ego. Jede dieser Entwicklungsstufen muss in der richtigen Abfolge gelebt werden. Wer einen dieser Entwicklungsschritte überspringen will, etwa damit das Kind früher und schneller lernt, behindert diesen Seelenprozess.

Um solch offenes Erleben aufzubringen, braucht ein Kind keinen besonderen, auf ein Lernziel zugespitzten Lerngegenstand. Sondern *irgendeinen*. Jeder Gegenstand, der irgendwo herumliegt, ist zur Bereicherung seines inneren Erlebens grundsätzlich brauchbar. Ein Kind nimmt das *nächstbeste* Objekt aus seiner Lebenswelt. Sagen wir einen kaputten Stuhl oder einen geplatzten Luftballon. Aus diesem oder einem anderen »Weltding« beginnt es, freudig und uneingeschüchtert, seine kleine Welt schrittweise zu enträtseln.

Und das geht so: Ein Kind lässt sich von diesen herumliegenden Sachen berühren. Jetzt kommt es, wie gesagt, nicht auf irgendeinen Inhalt an, den man in den Kopf eines Kindes mit hundert Motivationstricks hineinbefördern will, es kommt nur auf die kindlich-eigenen Tätigkeiten an.

Die Gehirnphysiologie sagt im Übrigen dasselbe: Mit jeder neuen Erfahrung, jeder Fantasie und jedem »Handhaben« entstehen neue »Verschaltungen seiner Gehirnareale«. Jede Verbindung knüpft noch mehr geistige Wachsamkeit, mehr kreative Potenz – alles wird immer weiter vorangetrieben, so weit die kindliche Intelligenz und Kreativität reicht. Und sie reicht eigentlich immer bewundernswert weit.

Mit einem unlebendigen pädagogischen Lernobjekt würde hingegen gar nichts »verschaltet«, alles bliebe passiv und unbewegt.

Darum legte Fröbel so viel Wert auf das ungehinderte freie Spiel der Kinder. Freie Tätigkeiten vermehren die schöpferischen Kompetenzen. In den bildgebenden Verfahren der Gehirnforschung kann man sich das teilweise direkt anschauen. Faszinierend. Aber wichtiger als solche äußeren biologischen Fakten ist dann doch das, was seelisch in der Entfaltung der kindlichen Psyche vor sich geht.

Das erst nur zufällige Objekt hat sich durch die Tätigkeiten des Kindes, sein Forschen und Neu-Gestalten, verändert, haben wir herausgefunden. Jetzt ist nichts mehr zufällig. Es ist jetzt für dieses Kind ein ganz besonderer Gegenstand geworden, anders als alle anderen Sachen umher. Durch seine konzentrierte geistige und handwerkliche Tätigkeit mit ihm hat es jetzt ein tiefes Empfinden für ihn. Es ist ein ganz unaustauschbarer Gegenstand geworden. Zugleich hat es seine Wahrnehmungsfähigkeiten weiter aufgebaut. Ein dynamischer Vorgang ist das, kein fixierter, er führt ins Offene und nicht in Bürokratisches:»Das ist richtig – dies ist falsch«. Was richtig ist, muss das Kind ja erst mal selbst erforschen. Es gibt kein»Richtig« an sich.»Falsch« auch nicht.

Kinder sind bei solchem Erforschen übrigens urplötzlich geduldig und konzentriert, auch wenn sie ein paar Stunden vorher partout nichts auf die Reihe brachten. *Schöpferisch* ist das Zauberwort. Das Kind erschafft aus den Ressourcen seiner Psyche die Kräfte und Fähigkeiten, sich mit einem Objekt unendlich geduldig zu befassen, es ganz stolz und verliebt anzuschauen und weiterzuschuften, geistig und körperlich.»Mein Gegenstand! Mein Teddybär. Meine Einkaufstüte. Mein Stück Holz«. Alles ist Leben und Abenteuer und alles ist umgeben von einem Geheimnis.

Mit diesem jetzt ganz persönlichen Objekt befindet sich ein Kind auf einer Erfahrungsspur, die ganz individuell-persönlich ist. Es ist ganz im selbstverträumten Spiel. Aber zugleich ist sie allgemein-geistige Kultur, an der sich unser Kind dabei beteiligt, Anteil nimmt. An der es ein Teil ist von ihr.

Nun also zum nächsten Gedankenschritt.

Wodurch werden diese Grundlagen zur Bewältigung so schwieriger Vorgänge so kühn und sicher gelegt? Ich gebe wieder meine Schlagertext-Antwort: durch die Liebe. Sie ist es, die die Brücke schlägt zwischen Kind-Ego und sozialer Gemeinschaft. Sie ist es, die die »triebhafte Natur« beseligt und sich öffnet auch für die anderen (die Gemeinschaft). Diese Liebe hat ihre allererste Grundlage in der urvertrauten Liebe zu den Eltern, zu Mama und Papa, danach folgen alle anderen seelischen Entwicklungen.

Die Empfänglichkeit und Formbarkeit des kindlichen Gehirns wird hier ganz ausgereizt. Solche Grundlagen und Gewissheiten zu schaffen, das ist die überwältigende Aufgabe des ersten großen Lebensabschnittes. Mit etwa sechs Jahren findet er einen vorläufigen Abschluss. Ein von Bildern, Eindrücken, Kreativität und Lust geradezu überquellender »Bildungsgang« liegt dann schon hinter diesem Kind – es durcheilte seine ersten großen Reifungsprozesse.

Vielleicht wird jetzt deutlicher, warum solche selbst gelenkten kindlichen Bildungsvorgänge nicht mit traditionellen Ideen von »Lernen« vergleichbar sind. Irgendwie erinnern sie noch am ehesten an die Entstehung von Kunstobjekten. Und das meine ich ganz im Ernst. Tatsächlich haben viele hoch angesehenen Künstler des Bürgertums, zum Beispiel Jean Paul, der große Kindheitsverklärer und Mystiker, auf die Ähnlichkeit des kindlich-kreativen Spieles und künstlerischer Gestaltung aufmerksam gemacht.

Machen wir diesen Gedanken an einem Beispiel anschaulich. Nehmen wir einfach wieder den oben schon genannten kaputten Stuhl und den geplatzten Luftballon. (Sehr viel abwegigere und zufällige Objekte fallen mir grade nicht ein, also ist mir dieses gerade recht!)

Mit seiner Fantasiekraft lässt ein Kind aus dem zerdepperten Ballon ein gestrandetes Luftschiff werden. Oder der arme Stuhl wird jetzt zu einem gruseligen Objekt, auf dem ein Gefangener kläglich hockte, sich schließlich in wilden Kloppereien (es ist eine Jungenfantasie!) befreite und seine Feinde in die Flucht schlug. Nicht die konkreten Inhalte sind wichtig, sondern die vielfach möglichen Beziehungen zwischen objektiver Realität und den seelisch-geistigen Tätigkeiten des Kindes. Sie sind von einer unendlichen Fülle, von unendlichem Gestalten und Neu-Gestalten. Jedes Mal wird ein Stück Kreativität und mehr aus dem psychischen Geschehen eines Kindes hervorgekramt, um diese Fülle in immer neuen Varianten aufzurufen. *Genau dieser Auftrieb aller kreativen Kräfte ist hier das Bildungsgeschehen.*

Diese Freude am Wachsen all seiner seelisch-geistigen Fähigkeiten – man sieht dem Kind seinen Stolz an, es glüht geradezu davon. Was könnte Bildung denn Schöneres sein?

So viele Bilder aus sich selber, aus dem eigenen Zauber, dem eigenen Zeichnen oder Kritzeln zu entdecken, verleiht dem Kind tiefe selbstgewisse Befriedigung. Es sind so viele Impulse, die es jetzt schon ineinander verbandelt hat, und es gibt noch viel mehr. Die innere und äußere Welt ist unabsehbar spannend – das ist Bildung, die ein Kind in Spannung und konstruktive Lust versetzt. Und ihm gleichzeitig ein zuversichtliches Bild seiner eigenen Zukunft ausmalt. Kinder sind dabei oft wie gebannt von ihren eigenen Fähigkeiten. Und sie schuften, malen, kritzeln – alles in Kopf und Herz ist in Bewegung.

Nun hatte ich zwischendrin ein starkes und ungenaues Wort eingebracht, es ist uns ja fast schon wieder entfallen. Es lautete: *Liebe.* Sie ist die Brücke zwischen Ego und Gemeinschaft. Das werde ich nachher noch an Beispielen erklären. Was ein Kind an Gefühlsgewissheiten (erinnern wir uns an Kants Begriff?) erworben hat, was es an Wärme und Vertrauen bereits bekommen hat, das gibt es jetzt zurück, indem es sich vertrauensvoll seinen geistigen und malenden und bastelnden Tätigkeiten überlässt und sich dabei ganz beschützt fühlt. Nur wer sich in der frühen Kindheit ganz geborgen fühlte, hat solche Großmut des Herzens.

Ja, es wird nun großherzig, unser zufriedenes, von seinem eigenen Handeln ganz beglücktes Kind, das seinen Schaffensprozess jetzt eben nicht wie einen steifen Besitztitel festhalten will. Es kann und will abgeben. Das ist Bildung. Herzensbildung hätte man früher einmal gesagt. Dazu traut man sich heute gar nicht mehr, es trifft die Sache aber genau.

Eine festere Brücke zwischen Ego und sozialer Moral kann man sich gar nicht vorstellen. Hier haben wir sie! »Was mir zu eigen ist, soll auch in der dir eigenen Weise dir zugehören. Ebenso wie mir. Ich hocke nicht wie ein Esel auf meinem Besitzdenken, ich gebe es weiter.«Kinder können das, solche Großherzigkeit gehört auch zum kindlichen Charakter. Es ist ihr schönster Teil. *Auf dem Boden der freien kindlichen Individualität finden wir Gemeinschaft und soziale Moral – so lautet die Grundregel des geistigen Erwachens und Fortschreitens.* Neben Kants hellem Menschenbild trat diese pädagogische Hoffnung und Einsicht mit Fröbel in die abendländische Geistesgeschichte ein. Wir leben pädagogisch und philosophisch davon, bis heute.

Verstehen wir, dass ein Kind sich auf diese Weise zu immer kräftigeren und komplexeren Erfahrungen durcharbeitet? Und zwar in hohem Maße individuell, *doch gerade in seiner Individualität als Teil der Gemeinschaft?* Unser Kind spürt es: Ich bin so! Bin Teil eines Ganzen, das ich gar nicht ganz übersehe, aber in mir fühle. Ich bin *gleichzeitig* ein Einzelner, ein Ich, ganz allein und auf mich selbst gestellt, eines, das sich auch einmal gegen die Gemeinschaft sperren darf.

Das Persönliche hat sein Recht und das Soziale hat sein Recht. Beides immer wieder durch Denken und Konstruieren und vieles Miteinander zu versöhnen, ist Bildung. Bildung in einem hochgradig modernen Sinn, wie sie sich staunenswert bereits vor mehr als 150 Jahren bei Fröbel ausformuliert findet.

Solche Bildung als ein offener schöpferischer Prozess ist zwingend geboten, wo auf die Kinder eine soziale und persönliche Realität zukommt, die so zerrissen und unabsehbar ist wie die heutige. Wie schwer und hochkomplex es ist, sie zu bewältigen! Wirkliche Exzellenz-pädagogik – ja, das wäre eine exzellente Antwort auf die Herausforderung moderner Bildung. Aber danach kann man in den Förderkonzepten lange suchen. Sie kleben ja am traditionellen Lernen und dort findet sich nichts von solchen Kompetenzen. Wenn aber unsere Kinder stets gelenkt und angeleitet, bevormundet werden, dann suchen sie schließlich sogar selber nach einer fixierten Autorität, die sie führt und bewertet und alles ein paarmal wiederholen lässt und was traditionelle Pädagogik sonst so an geistig hemmenden Prozessen im Schilde führt.

Aber nun noch etwas. Das muss ein Kind noch obendrauf erkennen und seelisch aufnehmen:

Kinder spüren schon ganz früh – wenn sie es auch nicht ganz begreifen: Wenn ich mit meinen Gefühlen nicht beantwortet würde, wenn andere Menschen, meine Eltern, die Freunde und all die anderen gar nicht auf mich reagieren würden, dann wäre ich ja ganz verloren. Dann bliebe ich seelisch ganz trostlos zurück. Was wird dann aus mir?

Aus der Ahnung erwächst ein Wille nach Gemein-schaftlichkeit. Ich bin nicht nur Ich, sondern auch die Gemeinsamkeit von Du und Ich *und* Wir und Ich – wo ein Kind dies erfasst hat (und ist das nicht unendlich schwierig?), hat es die Grundlagen der Moral und der Ethik erfasst. Wenn ich die anderen vernachlässige, wenn ich sie abweise, dann weise ich auch mich selber ab. Kein Kind will das.

Aus solcher Erkenntnis, sagt Kant, entsteht das Verlangen, das tierhafte Wesen in uns zu unterbinden und das soziale Wesen mit einfühlender Moral stark zu machen.

Was mir nicht geschehen soll, das soll auch anderen nicht geschehen – das ist die Basis des schlichten und ganz zu Recht über zwei Jahrhunderte berühmten kantschen Satzes, seinem sogenannten kategorischen Imperativ: Tue keinem, was dir selber nicht zustoßen sollte. Nichts daran ist simpel. Nichts daran ist nicht großartig.

Wie die gesamtgesellschaftliche Zukunft aussehen wird, das lässt sich oft aus der gegenwärtigen Verfassung von Kindheit entziffern. In jedem Reifungsprozess jedes Kindes schimmert die gesellschaftliche Zukunft auf. Was in der frühkindlichen Erziehung geschieht, zeigt bereits die künftigen Lebensbedingungen einer auf das soziale Miteinander angewiesenen Gesellschaftskultur.

So verstand Kant die Aufklärung, mehr im allgemein kulturellen gesellschaftlichen Maßstab, und so tat es Fröbel ihm nach, mehr auf die einzelnen Bildungsprozesse einzelner Kinder bezogen.

Halt, ist das nicht ein wenig übertrieben? Schwierigste existenzielle Fragen, komplexe Bildung, bei kleinen Kindern!? Aber nein, schauen wir doch nur hin. Ihr eindringliches Fragen in einer ruhigen Stunde oder bei einem abendlichen Waldspaziergang – sie berühren all die großen Menschheitsthemen, für die auch unsere Philosophen nach Antwort suchen. Bekanntlich sind gerade die Kleinsten manchmal die ausgefuchstesten Denker.

Aus jedem Lernen, das den Namen »Bildung« beanspruchen will, muss sich immer groß die Idee der menschlichen Verantwortung erheben. Ethik und kreatives Handeln und Wissen, sie dürfen nicht zerrissen werden. Sie gehören denselben menschlichen Entwicklungslinien an. Das gilt auch für Dreijährige, Vierjährige.

Und wenn sie nun auf die »Überholspur« des rivalisierenden Lernens geschoben werden? Was wird dann aus den komplexen Reifungsprozessen? Sie vertrocknen, sie liegen darnieder. An die Stelle der sozialen Vernunft und der Moral rücken dann lähmende Wettbewerbs- und Angstgefühle. Zerstörerischer kann ein Entwicklungsprozess gar nicht behindert werden.

Und nun schauen wir auf unsere »Exzellenzpädagogen«. Von sozialer Moral finden wir so gut wie nichts, allenfalls ein paar Sätze im tatsächlich oder gedanklich Kleingedruckten. Stattdessen aber viel über gekonntes Rivalisieren, darüber, wie man »auf der Überholspur« andere Kinder hinter sich lässt, viel über Wettkampf und Triumph (und wer trocknet die Tränen der Zurückgebliebenen?). Alles ist von der schicken Werbung und ganz auf unsere Wirtschaftsordnungen abgestellten Inhalte geprägt.

Was wird dabei aus meiner simplen ungeordneten Kindergruppe? Hier liegt immer irgendwas herum und keiner weiß, warum. Diese schöne Lebensunordnung, die auch zur Bildung gehört! Die müssen wir verteidigen, aber kräftig!

Denn Kommunikation macht Spaß. Das soziale Leben

ist für Kinder pure Freude, man muss auf den Spielplätzen nur mal hinschauen, wie sie in tiefstem Matsch und bei heftigem Schneeregen unverdrossen weiterspielen wollen und nicht von ihren Baukünsten im Sandkasten und nicht von ihrem »allerneuesten besten Freund« wegzukriegen sind.

Diesen sozialen und ethischen Fähigkeiten sollte eine gute Pädagogik aufhelfen, heute, in unserer zerrissenen und wertverarmten gesellschaftlichen Kultur vielleicht mehr als je zuvor. Vielleicht sind schon recht bald die Kinder mit ihren intuitiven sozialen Gefühlen eine Art Rettungsanker für unsere erkaltete Gesellschaft.

Kinderalltag ist der beste Lehrmeister

NOCH ETWAS, GANZ WICHTIG FÜR DIESE BILDUNGSPRO-
ZESSE: Nur was mich berührt oder erschüttert (das können eben auch traurige Ereignisse sein, bittere Erfahrungen), wird erinnert. Im Kindergarten darf es nicht immer
nur um optimistische Themen gehen, sondern auch um
die erschreckenden. Auch die müssen bewältigt werden.
Erst das Zugleich von Freude und gelegentlichem Kummer bringt die Fülle eines ganzen Kinderlebens zum
Ausdruck. Eltern und Erzieher dürfen diesen dunklen
Anteilen am Kinderleben nicht ausweichen. Kinder nehmen das übel, sie fühlen sich dann im Stich gelassen.

Auch die enttäuschenden und harten Seiten des Lebens ertragen sie – manchmal braucht's dazu ein bisschen Seelentrost! Aber eine liebevolle und verlässliche
Erzieherin bringt das schon wieder auf die Reihe. Spannung und Ungewissheiten halten sie aus, diese Kinder
sind nicht aus Zucker und wollen auch nicht so behan-
delt werden. Aber wenn sie schon am frühen Vormittag
wissen, wie der Tag enden wird, dann werden sie quen-
gelig, weil gelangweilt. Zum zehnten Mal das in die
Hände-klatsch-Spiel zur Englischförderung – Himmel,
das kann ein munteres, entdeckungsfreudiges Kind doch
nur noch anöden. Und die oft so mechanisch klingenden
anleitenden Stimmen der Pädagogen, die sich an die

Mechanik der fortwährend überprüfenden, dauer-evalu-ierenden Kontrolle schon angepasst haben, erst recht. Hinzu kommt, dass viele Eltern und sogar Pädagogen, die es besser wissen sollten, die Leistungen der Kinder vergleichen. »Was Sabrina kann, kannst du bestimmt morgen auch, nicht?« – das klingt in den Ohren mancher Erzieherinnen allen Ernstes motivierend und kindge-recht. Natürlich ist es nichts davon. Es stiftet Beklem-mung und einen eingezwängten und verängstigten Leis-tungswillen. Einen, der sozusagen immer schon mit dem Fehlschlag rechnet. Auch solche lehrbuchmäßigen Moti-vations- und sonst was an Trainingsmaterialien (und wenn hundert raffiniert gestaltete Grafiken mit ihnen da-herkommen) machen einen lebhaften kindlichen Geist nur müde und trotzig.

Kant also schrieb und Fröbel machte daraus praktische Pädagogik: Der Mensch ist zum freien und selbst gelenk-ten Nachdenken über sich selber und seine Handlungen fähig. Er hängt nicht wie eine Marionette am Strick sei-ner egoistischen Wünsche und seiner Triebhaftigkeit. Auch die Kinder, auch die Drei- und Vierjährigen nicht. Erst wenn eine schlechte Pädagogik ihnen ihren frohen Lebenssinn raubt, tritt das Nichtsoziale, Mürrische, weil Enttäuschte in den Vordergrund. Nicht an den Kindern liegt es, sondern an der Pädagogik, die frei und froh sein sollte und dumpf auftritt. Eine rechte Qual für ein intelli-gentes Kind.

Eigentlich sind Kinder innerlich immer auf dem Sprung. Alles, was nur von Weitem irgendwie spannend erscheint oder was ein neues Wissen und Erleben verspricht, wollen sie eifrig in sich aufnehmen. Jedes Kritzeln, jedes Basteln, jede Mitarbeit mit anderen Kindern macht sie stolz. Diesen stolzen Frohsinn schöpfen sie aus sich selber, dafür benötigen sie kein Motivationstraining. In ihnen ist alles schon fertig und da. Ihre natürliche Lebensfreude gibt ihnen ausreichend Motive, die sie in der Welt sofort entdecken und erkunden wollen.

Nehmen wir ein anderes Beispiel. Etwa die schönen neuen Blumen in Mamas Blumenvase – die jetzt leider gar nicht mehr so schön neu aussehen, aber dafür kann unser Kind nichts. Es musste diesen eigenartigen Strauß ja unbedingt erst einmal auseinandernehmen. Wer weiß, welche Geheimnisse sich darin verbergen. Natürlich sieht der hinterher anders aus als vorher! Bis hin zu der Vase selber, die sicher mal ganz kostbar war, aber leider eben auch exakt studiert werden musste, bis in die Feinsplitterung des kostbaren Materials hinein (nun ja, so richtig kostbar ist sie jetzt eigentlich nicht mehr). Das alles ist der Preis, den liebevolle Eltern nun einmal für die lebendige Lebens- und Lernlust ihrer Kinder zahlen müssen – sie tun es meist gern.

Diese unter der kaputten Vase verstreuten Blumen – nein, die dürfen kein Anlass dazu sein, ein Kind über Ordnung zu belehren. Sie sind vielmehr ein hervorragender Anlass dazu, mit dem Kind die Blumen noch einmal genauer anzuschauen, ihre schöne Gliederung und die feinen Verästelungen, ihre Farbe und Form. Das Kind staunt, und wenn es sich erst einmal so richtig eingefühlt hat in die vielen schönen Teile einer Blume plus Blumenvase, dann tut es dem kleinen Feingeist doch irgendwie leid, dass Blume und Vase keine richtig schöne Eintracht mehr darstellen. Wir dürfen den Sinn für Schönheit unserer Kinder keineswegs unterschätzen!

Am Ende tut es den meisten richtig leid, dass sie den Strauß so zerdeppert haben, und sie legen die Blumen bekümmert um die Vase herum. Nun haben sie doch noch ein Stück Aufmerksamkeit und Selbstbeschränkung in der elterlichen Wohnung in sich aufgenommen, ganz ohne Ermahnung und ohne Disziplin. Aus dem eigenen Erleben nehmen sie es auf, bis tief in ihre Gewissensbildung hinein.

Eine mahnende, von außen aufgestopfte disziplinierende Regulierung ihres Verhaltens hingegen stiftet kein Bedauern und keine Gewissensimpulse, dafür ist sie viel zu erfahrungsleer. Sie kann in der Kinderseele nicht wirksam werden.

Schauen wir weiter, wie wichtig bei Kant und bei Fröbel das Miteinander im Spiel und das Sammeln von Erlebnissen und Eindrücken mit anderen Kindern ist. Dies ist der soziale Kern allen guten Lernens. Es wird in der Pädagogik beharrlich gering geschätzt.

Statt der freien und durch den sozialen Charakter spielerisch-empfindsamen Tätigkeiten tritt hier eine Pädagogik auf, die sich in Stil und Inhalt nicht am Kind, sondern an den Erscheinungsformen der Finanzwirtschaft orientiert. Schicke Flyer, vollmundige Versprechungen, am liebsten elektronisch aufbereitet – das mutet ganz modern und schnittig an, bricht aber in die Kinderwelt ein wie ein Fremdkörper, ein Alien. Das schöne, jetzt vielleicht chaotische, aber gleich wieder geordnete und rücksichtsvolle Gemeinschaftsgefühl wird davon nur gestört.

Dass der große Schritt vom kleinkindlichen Egoismus zum Wir überhaupt von (fast) allen Kindern letztlich doch gelernt wird, ist wie ein kleines Wunder. Diese große Kinder-Einsicht: »In einer Gemeinschaft erlebe ich alles viel intensiver, ich schaue meinen allerbesten Freund an und wir lachen, wir haben ja grad ein wunderbares Rätsel gelöst.« Das Wir ist schöner und runder und vollkommener als das Ich. Dies zu verstehen – was für ein enormer Entwicklungsschritt!

Aber unser Kind schafft ihn. Allerdings nur, wenn ihm nicht ein besserwisserischer Pädagoge oder sonst wer vor der Nase sitzt und dauernd stört und überhaupt viel zu viel redet.

Und wieder gilt: Dieses innere Erleben, ob allein oder in einer Gemeinschaft, darf nicht von äußerlichen Normen und Ordnungen durchtränkt sein. Dann ist es kein liebevolles und verspieltes Erleben mehr, sondern Aufgabe, korrekt auszuführen. Dann wird der kindliche Geist müde und wehrt ab.

Wir verstehen also, was zu weiten Teilen Bildung ausmacht: das innere freie Fließen von wichtigen und kreativen Motiven, Bildern, Gedanken, mal allein, mal in Gemeinschaft, das ein Kind während seiner vielfältigen Entdeckungen des Tages braucht. Inmitten von solchem Erkennen der Welt lernt es sich selbst als einzigartiges Individuum und als soziales Wesen kennen.

So schön und spannend ist Lernen – Was die Wissenschaftler dazu sagen

MIT GANZ ÄHNLICHEN WORTEN umkleidet die moderne Wissenschaft vom Denken und Bilden die Reifungsstufen der »Welterfahrung« eines Kindes. Große Worte, aber sie sprechen von ganz konkreten Lernerfahrungen, solche des Herzens und solche der Vernunft.

Der Erziehungswissenschaftler Ludwig Liegle, Universität Tübingen und Experte für Bildung in der frühen Kindheit, bedient sich bei der Beschreibung gern beim lebensnahen Fröbel. Und weil in der Pädagogik wie in allen Geisteswissenschaften die Feinheit des Wortes, der verbogene und offene Klang ein Teil der Wahrhaftigkeit ist, gehe ich im Folgenden auf seine Fröbel-Zitate und seine Kommentare dazu ein. Sie sind nach meiner Kenntnis all dessen, was seit 200 Jahren bis heute gedacht und geschrieben wurde, noch immer ein recht einsamer Höhepunkt. Die moderne Förderpädagogik, Didaktiken usw. wirken daneben oft ärmlich.

Liegle formuliert so: »Was Fröbel sehr früh erkannt ... hat, das Wissen durch eigene Erfahrung, durch Selbsttätigkeit zu Ihrem Eigenen wird. Sonst ist es aufgesetzt. (...) Das macht den Fröbel so modern, das sagt heute die Hirnforschung auch: Man kann Wissen nicht übertragen. Wissen muss in jedem Hirn neu erschaffen werden.«[1]

Welcher abenteuerliche und ordnende Erkundungsgang des Wirklichen ist dabei nun die Aufgabe der Erwachsenen, die von Mama und Papa und anderer Bezugspersonen zuerst, dann der Kindergärtnerin? Fröbel gründete, um in diesem zentralen Punkt keine Fehler aufkommen zu lassen, 1842 Kurse für Kindergärtnerinnen. Fröbel sinngemäß: Kindergärtnerinnen müssen das Wesen des Kindes erkennen.

Hören wir genau hin, das Wesen des Kindes zu erkennen. Nicht das Wesen der englischen Sprache oder mathematischen Formeln, nicht das Wesen der Grammatik, nicht die bereits fertige und geprägte Realität. Nein, sein *eigenes* Wesen, um aus seiner Grundlage die Wirklichkeit der Dinge zu schöpfen.

Sie müssen darauf achten, diese Kindergärtnerinnen, dass jedes Kind die Wirklichkeit erschafft auf eine Weise, wie sie einem anderen Kind in genau derselben Art nicht möglich wäre. Gerade diese »Eigenheit«, die Einzigartigkeit des Weltbegreifens vermag es, dass jedes Kind zu *seiner* Welterfahrung in intuitiv-gelungener Beziehung steht. Zu sich selbst und zur Welt ausbalanciert. Wer diesen schwierigen Balanceakt aufrufen kann bei der Begleitung eines das Wissen suchenden, eines lernenden Kindes, der ist ein guter Pädagoge.

Notieren wir am Rand, dass Kindergärtnerin sein ebenso wie Eltern sein eine schwierige, eine höchst komplexe Aufgabe ist – nicht leicht zu bewältigen. Aber vielleicht auch die schönste Aufgabe, die wir in unserem Leben überhaupt antreffen. Eine Aufgabe, die nach Maßgabe unserer Gesamtgesellschaft wenig gewürdigt wird.

Professor Helmut Heiland, Herausgeber des Fröbel'-schen Gesamtwerkes, fasst eben dieses Lebendig-Exemplarische, das über jede Anschaulichkeit hinausgreift, so: Hinter Fröbels Gedanken »steht eine Wirklichkeitsauffassung, die für uns etwas schwierig ist nachzuvollziehen. Es ist eine Kosmologie, die den Kosmos als Schöpfung sieht, und alles Seiende hat einen göttlichen Funken.«[2]

Halten wir hier ein. »Ein göttlicher Funke«, ihn aufspringen lassen, glitzern lassen, entflammen lassen, das ist Lernen, in einem großen Sinn. Aber wie soll das denn gelingen, wenn statt der konkret sinnlichen Wahrnehmung, mit der ein Kind sich in eine Blume vertieft, eine belehrende Stimme dazwischenflüstert: »Sag mal ›flower‹!«?

Wie soll das sinnlich-seelische Zusammenführen des Erlebens mit englischen oder gar chinesischen Zeichen und Schriftzeichen glücken, die nicht dem kleinsten Teil der kindlichen Lebensumwelt entsprechen? Und wie sollen die – für ein deutschsprachiges Kind – merkwürdig orgelnden chinesischen Mundklänge sich umformen zu sinnvollen Verbindungen, zu ihrem inneren und äußeren Sein?

Das geht nicht. Aber warum fällt den Konzeptschreibern und Didaktikern und wer immer noch daran mitwirkt, diese Unmöglichkeit nicht auf? Ganz einfach! Sie sind – es ist fast unglaublich – so sehr auf das ganz und gar pure Lernen fixiert, dass ihnen alles in- und auswendig Eingepaukte wie »Wissen« erscheint.

Warum? Weil diese Erwachsenen – leider die Eltern

auch – von diesen existenziellen Wahrheiten, die das Eindringen des Kindergeistes in die Welt beschreiben, so wenig wissen. Weil sie von dem Kosmos als Schöpfung, die sich in der Kreativität ihres Kindes spiegelt, keine Ahnung haben. Keine Augen und Ohren dafür, keine Sinne und keinen Verstand – es ist ein Trauerspiel.

Dazu wieder der Lernforscher Prof. Heiland:»Aus dem kleinen winzigen Keimling entwickelt sich mal ein Baum, entsprechend entwickelt sich der Mensch und das, sagt er (Fröbel), ist etwas Sphärisches.« Noch einmal: Wir reden hier nicht von Spiritualität, zumindest nicht von ihren modischen esoterischen Torheiten. Wir reden davon, dass jedes Kind den Kosmos abspiegelt, und mehr: Mit jedem Kind beginnt die Schöpfung neu.

Das sind große Gedanken, oft gesprochen, oft aufgeschrieben und so unendlich oft vergessen.

Heiland:»Im Grund her hat der Mensch, jeder Mensch, in sich ein Agens, einen Selbstbildungstrieb in sich, aus sich das Optimale zu machen, und das heißt nicht in erster Linie Leistung oder marktspezifisch und alles das, was wir heute gesellschaftlich verrechnen. Das ist nicht sein Problem.« Und weiter Heiland, klar und kritisch: »Der Fröbel hat sich etwas getraut. Der Vorwurf der Verschrobenheit kommt auch daher: Er hat auch kompliziert gedacht.«

Das Komplizierte liegt unseren Universitäten nicht, im erziehungswissenschaftlichen Bereich ganz besonders nicht, es liegt der Mentalität vieler Studenten nicht. Aber es gibt zum akademischen Trott viele Gegenstimmen.

Prof. Bernd Ahrbeck von der Berliner Humboldt-Universität, Direktor des Instituts für Verhaltensgestörtenpädagogik, vertritt eine davon.

Eine andere ist Michael Winkler, Professor für Allgemeine Pädagogik und Theorie der Sozialpädagogik an der Friedrich-Schiller-Universität in Jena. Er schreibt: »Das, denke ich, ist ein ganz großes Problem, was wir in der Pädagogik haben: Man tut immer so, als wäre Pädagogik so einfach. Man könnte mit ganz einfachen Techniken, Methoden, Erziehungsmitteln, Erziehungszielen, man muss nur die Stellschrauben verändern.«

Und Winkler fährt fort: »... und da sagt Fröbel, ne, liebe Leute, es geht so nicht. Ihr müsst erst einmal begreifen, wie kompliziert, wie komplex das Geschehen ist, und dann könnt ihr erst sehen, wie wir das Geschehen gestalten können.«[3]

Selbstverständlich hat Winkler recht. Aber versuchen Sie einmal in einer Fernsehrunde oder als Experte in einer Reportage einen Beitrag zu leisten, der mehr als vier Sätze umfasst. Da können Sie einen Moderator, der sich in aller Regel für das Thema genauso wenig interessiert wie für seine Gäste, aufgeregt mit den Händen wedeln sehen. Denn was ihn wirklich interessiert, das ist das Einhalten von Vorgaben des Gesprächsverlaufes und die Tatsache, dass er die Zeit nicht überschreiten darf. Das war es dann.

Insofern haben die Besserwisser, die Großsprecher, die Lautsprecher das Wort in unseren Medien. Von dort dringt es durch, natürlich auch zu den Pädagogen, den Erzieherinnen. Sie werden davon geprägt, mehr als von ihrem Studium, das aber oft auch nichts anderes mitzuteilen hat.

Die Studenten von Winkler und anderen klugen Hochschullehrern sind besser dran. Sie haben zumindest die Chance, die Wirklichkeit eines Kindes zu erfahren, die Freude, die es bereitet, sich auf diese hohe sinnliche und spontane Realität im Seelischen einzulassen und der Kosmologie, der Menschwerdung, die sich darin verbirgt, nachzuspüren. Den Kindern helfend zuzuschauen ist immer auch Betrachtung der *eigenen* geistigen Ursprünge. Langweilig wird das für einen offenen Geist nicht. Er erkennt in so vielen Facetten die Anfänge seiner selbst. Neben einem spielenden Kind kann ich kleine Ewigkeiten zubringen und einfach nur schauen und staunen.

Michael Winkler ist ein gebildeter und kluger Mann, mit historischer Distanz schaut er auf die Pädagogik von heute. Und er fragt, welche Leitideen für Bildung und Erziehung es überhaupt noch gebe, außer den Wunsch nach Steuerung, Messung und Orientierung am Arbeitsmarkt. Er fragt dies eindringlich, nicht nur kritisch.

Der Mann ist engagiert, er hat Kindheit als Aufgabe für die Gesellschaft und für sich selber verstanden. So sind gute Pädagogen, ob in den Kindergärten oder an den Hochschulen. Winkler stellt deshalb auch gleich die weiterführende Frage, die ganz praktische, woher wir eigentlich wissen wollen, was im Umbruch unserer Kultur angesichts der Informationstechnologien und des damit verbundenen Wissens und Erkennens wir heute vorausahnen können. Denn nun kommt ein Weiteres hinzu: Die globalisierte mediale Welt stürzt von Jahr zu Jahr in neue Entwicklungen, aber in der Pädagogik richten wir uns immer noch nach alten Entwicklungsprogrammen. Und wo sie modernisiert wurden, da nur im Sinn von Effektivität, Geschwindigkeit und möglichst viel Lernen in möglichst kurzer Zeit.

Den Herausforderungen der neuen technologisch-ästhetischen Weltzusammenhänge, die uns mit Computer, Internet, der Verbindung aller Orte mit allen rund um die Welt erwartet, wird man weder mit Effektivität noch mit überholten geistigen Konzepten nachkommen. Hier kommen ganz andere Herausforderungen auf Pädagogik und Bildung zu.

Nur wenn das Kind seinen Geist ganz körperlich-konkret erlebt und ihn dabei gleichzeitig – wie oben skizziert – in diesen »sphärischen Kognitionen« entfalten darf, nur angesichts dieser Komplexität, die in ihm reift, wird es seine Zukunft bestehen. Ob es mit drei Jahren schon chinesische Worte nachplappert oder nicht, spielt dabei nicht die geringste Rolle. Das Kind, das den Reichtum der Welt zugleich aus den Dingen und im Mitschwingen mit den Dingen aus sich selbst schöpft – nur solch ein Kind kann sich zurechtfinden im wirren Garten moderner Überflussinformationen und -bilder.

Jetzt legt es die Grundlagen für dieses schwierige spätere Durchdringen der realen Welt von morgen, der Geschäftswelt ebenso wie der Kommunikationen über Fernräume, der Überfülle an Bildern und Zeichen.

Die übereilte, hektische und das Einzelschicksal vernachlässigende Förderpädagogik liefert die Kinder einer autoritären Ordnung aus. Alles hört auf mich! So gelenkt und in geistige Abhängigkeit versetzt – in jeder Trainingseinheit erneut – macht unruhig, beklommen. Woher die geistige Ordnung schöpfen? Solch einem Kind wird genau die schöpferische Gabe genommen, die in der Bildtechnologie unserer Zeit zu einem wichtigen Faktor des Lebenserfolges geworden ist.

Vielleicht ist es überspitzt, wenn ich sage: Dieses frühe Trainieren, etwa mit Chinesischkursen, um später das globale wirtschaftliche Geschehen auf den Weltmärkten mitzugestalten und zu lenken – ausgerechnet diese Kompetenz wird den Kleinen in diesen Kursen ausgetrieben.

Liegt das nicht auf der Hand? Wer später lenken und leiten will, muss heute im Erwerb der Weltdinge Ruhe in sich finden, Konzentration nach innen und nach außen. Wie soll ein Dreijähriges denn ruhig werden angesichts der Unruhe und des Eifers rings um es herum, dem Drängeln von Eltern und Erziehern: »Du musst jetzt aber auch mal mitmachen!«? Wie soll es denn angstfrei leben angesichts so viel beklommener Zukunftsangst, bei den Eltern selber, aber auch im ganzen »Setting« der hastigen und engen zielpunktgenauen Förderungen?

Wenn ein Kind die selbsttätige Eigenart seiner Talente und Strebungen nicht früh im Kern seines Selbst spürt, dann hat es in der Zukunft wenig Chancen. Es eilt von Anpassung zu Anpassung, es hetzt sich selbst – und wohin? Nirgendwohin!

Ein weiterer Gedanke schließt sich unmittelbar an.

Wir wissen heute, wie sehr ein Säugling, wenn er geboren wird, die ganze Welt verändert. Nicht nur im spirituellen Sinn, den ich eben anführte. Viel konkreter: Er verändert seine Eltern, er gestaltet seine Umwelt, die Familie ist nie wieder dieselbe, wie sie vorher war. Nie wieder!

Professor Winkler sagt dazu:»Man denkt immer: hilfloses Kleinkind. In Wirklichkeit sind das Gestalter der Welt und Gestalter seiner selbst. Eine ganz elementare Freiheit: Ich bin Herr meiner selbst und Gestalter meiner, brauche dazu aber immer wieder Unterstützung und brauche die Anregung der Welt, und das ist genau das Zentrum des Fröbel'schen Denkens«, ergänzt Winkler, das ist»eine aktuelle Botschaft. Die Pädagogik hat über weite Bereiche nicht begriffen, dass sie diese Freiheit, die Anerkennung der Subjektivität (…) als Gestaltungsprinzip zu verwirklichen hat.«

Was wir heute erleben, meint Winkler, sei ein»Missbrauch in Einrichtungen, sind Grundvergehen gegen pädagogisches Handeln, weil damit die Freiheit vernichtet wird, weil da Menschen Zwang angetan wird, und das kann nicht Pädagogik sein.«

Ist das erfrischend, eine so klare Sprache aus dem universitären Erziehungs- und Forschungsfeld zu hören! Der Mann – ich kenne ihn persönlich gar nicht – ist mir geradezu ans Herz gewachsen!

»Zwanggang« schreibt er – wo geschieht dies wohl aufdringlicher, als wenn ein Zweijähriges an die Hand genommen und zu»Lerngegenständen« gelenkt wird, wenn sein freies, hochkomplexes seelisches Leben reduziert wird auf eine»Motivation«, wie die Pädagogen sagen? Wenn seine reiche Welt zu einer Welt des gelernten Wissens wird?

»Die Freiheit wird vernichtet, dem Menschen wird Zwang angetan«, so der Jenaer Professor. Mit jedem Wort hat er recht.

Gewiss, auch bindungsverarmte Kinder erkunden die Welt, tun dies aber mit spezifischen Störungen. Mindestens mit dem Risiko von Defiziten. Sie gehen ein ungleich höheres Risiko ein, langfristig ihre Motivation zu verlieren, bei geringsten Rückschlägen traurig aufzugeben. Sie sind immer auf dem Sprung dahin, sich selber zu entwerten.

In einer Reportage des Deutschlandfunks hieß es: »Diese Kinder schöpfen aus der Bindung die Kraft für neue Kreativität ein Leben lang.« Das ist ein Zusammenhang, den viele bildungsbewusste Eltern übersehen, wenn sie ihre Kinder bereits im frühesten Alter mit Sprach-, Kunst- und Sportangeboten überfüttern.

---

[1] www.dradio.de/dlf/sendungen/studiozeit-ks/1162159, Deutschlandfunk, 15.04.2010

[2] Ebd., auch im Folgenden

[3] Ebd., auch im Folgenden

Alles fließt und prägt
sich ein ...

FLOW – SO BEGINNT GUTES, SINNHAFTES LERNEN. Und
umgekehrt stimmt auch das: Falsches, ängstigendes Lernen macht dumm. Ein die Egozentrik stimulierendes
Lernen – und davon wird man ein Lernen auf »der
Überholspur« kaum freisprechen können! – behindert
die Intelligenz und den sozialen Charakter eines kleinen
Menschen. Was ist also gutes Lernen, richtiges Lernen,
das den Charakter *und* die Intelligenz schult?

Professor Fauser aus Jena, wo ein großes Experimentierfeld für das »Lernen lernen« von Wissenschaftlern
aufgebaut wird, erklärt diesen Zusammenhang so: »Lernen ist ein hoch komplizierter und störanfälliger Prozess. Denn das menschliche Gehirn lernt immerzu, auch
unter den schlimmsten Bedingungen, unter Schmerz,
Ekel oder durch schockierende Erlebnisse.«[1] Da wird
ganz klar, dass das, was ich mit Kant »Gemütsgewissheit« nenne, höchst störanfällig ist. Deswegen muss alles,
was Angst macht, was bedrückt und in Rivalitäten (dem
Gegenteil vom Sozialen) zwängt, bei gutem Lernen ausgegrenzt werden.

Professor Fauser weiter: »Für das optimale Lernen
braucht es Neugier, ein mittleres Erregungsniveau und
Angstfreiheit.« Angstfreiheit! Haben Kinder schon im
Kindergarten zu rivalisieren gelernt, mischt sich ihre

Angst, dass sie zurückbleiben, in jeden Lernvorgang. Die Angst wird sozusagen mittrainiert.

Stattdessen geht »optimales« Lernen so: Die Kinder erleben ihre Kompetenz. Das macht sie froh und bestätigt ihr kleines Selbst. Die Folge: Jetzt sind sie ganz versunken in stimulierende und spannungsreiche Aufgaben. Dies nennen Lernforscher »Flow«.

Gemeint ist ein fast seliger Zustand völliger Konzentration. (Schon bei solchen Gedanken geht manchen Eltern das Herz auf. Das haben sie bei ihrem Sohn oder Töchterchen kaum je erlebt. Aber sind sie nicht oft selber mit schuld daran?) Alle Kinder haben die Begabung zu diesem Flow. Wenn er nie auftaucht beim Lernen, dann ist in der Entwicklung dieses Kindes und bei seinem aktuellen Lernen bereits etwas schiefgelaufen.

Flow ist die konzentrierteste und schnellste Form des Lernens. Das Gehirn belohnt sich selbst mit körpereigenen Opiaten (Dopamin, Oxytocin) für seine Arbeit. Diesen Zustand verlangt das Gehirn, wenn es ihn erst einmal eingeprägt bekam, immer wieder.

Jetzt fängt Lernen an, richtig Spaß zu machen. Warum? Weil es den Stolz auf die eigene Kompetenz erhöht, weil es das beseligte Flow ermöglicht und weil Verstehen an sich ein Kind froh macht.

Alle körperlich-sinnlichen Kräfte werden integriert, eingebunden in alle vorausgehenden Liebes- und Entdeckungsphasen der Kindheit, in seine »Gewissheiten« – hoch konzentriert, wie ein Schweben, ein Gleiten. Jetzt erfasst der kindliche Verstand auch die ersten abstrakten Einsichten, es lernt Entfernungen einzuschätzen, es beginnt zu zählen, die vielen aufregenden Objekte der Welt bekommen einen Sprachlaut zugeordnet, einen Namen. Sie ordnen die Welt geistig. Ein gleitendes Erleben und Erfahren.

Kinder lieben die Dinge, mit denen man spielen kann, sie lieben die ersten Sprachfetzen, die sie schließlich, stolz und vergnügt, zum ersten zusammenhängenden Satz steigern, und Mama und Papa lieben sie noch mehr als alles andere.

Und die Angst? Dazu sagt im *Stern*-Ratgeber Bildung »Die beste Schule für mein Kind« die Lernforscherin Elsbeth Stern aus Zürich: »Wir können unter Angst sehr gut lernen – aber nur Flucht und Vermeidung.« Ein Satz wie ein Menetekel.

Wenn wir Kinder schimpfen (»Nun lern endlich für deinen Mathe-Test, der letzte ist schon schiefgegangen!«) oder wenn wir sie mit den Lernleistungen des vierjährigen Kumpels im Kindergarten vergleichen – all das ist Angst. Was folgt daraus? Noch einmal die Lernforscherin: »Flucht und Vermeidung.«

Die Kinder wollen dann weg, sie strampeln oder sie knicken ein, wenden sich sogar selbstzerstörerisch gegen sich selber. Es gibt Untersuchungen, die besagen, dass bereits bei 20 bis 25 Prozent der Grundschulkinder über längere Zeiträume hinweg »Depressionen« beobachtet wurden. Die Ursache für diese Depressionen ist weitgehend im Übereifer vieler Eltern und Pädagogen zu suchen, die die Kinder in ein angstbehaftetes hastiges Lernen ohne Raum und Muße für tiefere Emotionen treiben.

Ganz klar ist die Aussage der Lernforschung hierzu: »Ein rein abstraktes Lernen gibt es nicht. Wer das Gelernte nicht zu Hause in seiner Umgebung, in seinen sozialen Gruppen mit Erfahrungen verknüpfen kann, löscht alles wieder aus.«[2]

Ein Kind, das mit drei Jahren Englisch lernt, aber nie in einer englischsprachigen Umgebung weilte, vergisst jedes einzelne Lernsegment sofort wieder. Und die Erinnerungen an die schöne Kinderzeit, die dabei vergebens vergeudet wurde? Nun, eben die fehlt beim späteren Lernen. (Spielen ist »Welterwerb«, die höchste geistige Tätigkeit eines Menschen, nicht nur der Kinder. Sagt Schiller. Es ist geistiges Tun, im freiesten und schönsten Sinn! Jede Stunde, die davon versäumt wurde, fehlt später – wir vergeuden so viel Zeit und bereuen es! Meist zu spät. Verworfene Lebenszeit.)

»Mit Erfahrungen verknüpfen« – das ist ein uralter pädagogischer Lehrsatz. Ist es nicht geradezu skurril, dass solche gesicherte Pädagogik in den Förderprogrammen schlicht übersehen wird? Oder nicht gewusst? Nie davon gehört?! Es ist ein echter Skandal, wie Kinder beim Lernen und Eltern beim Geldausgeben an der Nase herumgeführt werden.

Auch wenn ich Englisch mit einer Abenteuergeschichte versehe oder mit einem Lied lerne, prägt es sich nicht wesentlich anders ein als das rein bezugsleere, abstrakte Englisch. Ihm fehlt die Bestätigung durch die körperlichen und geistig eigenen Tätigkeiten des Kindes. So einfach ist das.

Erst wenn die erfahrungsgesättigten Verknüpfungen

wieder und wieder verwendet, angewendet wurden, möglichst oft im Flow-Zustand, erst dann stellt sich Lernen ein im Sinne von »Behalten und Fühlen«.

Die Angst mancher Eltern, dass ihre Kinder bestimmte Erfahrungen zu spät machen und sich »Lernfenster« wieder schließen, gilt nur für wenige Fähigkeiten – und auch dies nur bei extrem vernachlässigten Kindern. Beispielsweise bei den Waisenkindern im sozialistischen Regime in Rumänien. Jahrelang isolierte und traumatisierte Kinder entwickeln in der Tat grundlegende Sprechunfähigkeiten. Da schließen sich die »Fenster der Zeit und der Seele«, und die Lücken sind nur sehr schwer oder nie nachzuholen.

Aber dies waren Einzelfälle, betont Elsbeth Stern im oben genannten *Stern*-Ratgeber Bildung. Die allermeisten Kinder entwickeln ihre Sprachfähigkeit, ganz egal, ob sie »in einem teuren Haus oder in einem ärmlicheren aufwachsen. Da müsste man schon sehr eingreifen, um dies zu verhindern.« Die Lernforscherin, eine der anerkanntesten in Europa, geht noch weiter. Sie sagt: »Wer sein Kind aus Überehrgeiz zu früh pusht, zerstört schlimmstenfalls seine wichtigste Fähigkeit: Er nimmt ihm den Antrieb, eigene Fragen zu stellen.«

Kinder können ohnedies erst ab etwa vier Jahren über Instruktionen – also methodische Lernschritte, wie in der Frühförderung – »lernen«. Erst dann sind sie in der Lage, zu erkennen und anzuerkennen, dass die andere Person ein anderes Wissen hat als sie selber. Erst dann sind sie in der Lage, Lernerfahrungen auszutauschen.

Frau Stern streng: »Eltern, die schon Dreijährigen

Druck machen, versündigen sich an ihren Kindern.« Damit sind wir immer noch bei Kant, aber auch bei dem auf diesen Geist aufbauenden Erfinder der Kindergärten, Fröbel. Es geht dabei um eine große und großartige Geistesgeschichte der Selbsterhellung des menschlichen Geistes. Die Pädagogik sollte ein Teil von ihr sein und nicht ihr dumpfer Widersacher.

In demselben Gespräch mit dem *Stern*-Ratgeber Bildung bemerkt die Lernforscherin Elsbeth Stern dann auch ausdrücklich, was ich in anderen Kapiteln dargestellt habe. Ich zitiere noch einmal: »Auf einem ganz anderen Gebiet können Eltern schon von der Stunde der Geburt an viel für ihr Kind tun.« Das erklären die Lernforscher und Praktiker, Peter Fauser und Elsbeth Stern, fast wortgleich.

Was also sollen gute Eltern tun? Hören wir, was die neuere Forschung und das alte philosophische Wissen sagen: »Kuscheln, erzählen, vorlesen, sich Zeit nehmen. Emotionale Sicherheit und eine stabile Bindung gelten als Grundvoraussetzungen für erfolgreiches Lernen. Das Gehirn ist eben keine isolierte Lernmaschine, sondern ein Beziehungsorgan.«[3] Wenn man seine Gedankenwelt zu einer Lernmaschine deformiert, verkümmert sie. Das gilt nicht nur für Kinder, aber für sie in besonderem Maße.

Der Lernforscher Fauser fügt hinzu: »Was wir fühlen, sehen, schmecken, wird uns von anderen Menschen gegeben und durch sie beeinflusst.« Und das gilt in besonderer Weise für die Aneignung der Welt. Die Welt wird uns gegeben, erst von Mama und Papa, dann wird sie erkennbar durch die Berührungen des eigenen Körpers und das Wachsen von Neugier und Vernunft. Solches Lernen belebt die Kinder, stiftet die kantschen »Gefühlsgewissheiten« – und ist meilenweit vom traditionellen schulischen Lernen entfernt.

Schulische Lernmethoden in den Kindergarten zu holen, ist eine Art intellektuelle Misshandlung der Kleinen. Und was hat dies alles mit Kant zu tun? Führen uns diese Gedanken zu Kant zurück? Ausgerechnet dem so abstrakt erscheinenden Philosophen? Aber auf direktem Weg!

In unseren Überlegungen zu Kant waren wir bei der Frage stehen geblieben: Wie kommt das Moralische in den Menschen? Die Antwort: Es wird ebenso gelernt wie das Lernen von Dingen und Weltwissen. Dies sind ineinander verschlungene, ineinander kreisende Vorgänge, man kann sie unmöglich auseinanderzerren.

Der wesentliche Punkt ist laut Kant »gegenseitige Anerkennung«. Ohne dieses sich im anderen »Spiegeln« und »Anerkanntwerden« würde jedes Kind in seiner triebhaften Natur gefangen bleiben. Aber so ist es ja nicht.

Die tierische Natur des Menschen muss überwunden werden, und sie wird es auch. Insofern nennt Kant das »Vermögen der Vernunft« einen Trick der Natur. Dass die Menschen nicht mit Waffen aufeinander losgehen, sondern sich voneinander in ihrer Entwicklung vorantreiben, voranstoßen lassen, ist trotz der tierisch-destruktiven Seite, die sich in Kriegen und Vernichtung äußert, das große Gegengewicht. Die Moral eben.

Insofern ist »Vernunftvermögen« nicht nur auf Erkennen, Wissen und Lernen bezogen, sondern hat eine moralische Substanz. Wie gesagt: Beides ist nicht auseinanderzuzerren. Nur wer aus der tiefsten Bindung herrührend die Welt wissend erworben hat, spiegelt sich in der Welt als moralisches Wesen.

Schon wieder kompliziert?! Ja, leider. Aber so sind wir Menschen nun mal, unsere Kinder zumal. Daher kommt ja auch der in unserer Kultur selbstverständliche Satz, der ebenfalls auf Kant zurückgeht: »Handle so, dass die Maxime deines Verhaltens für alle gelten könnte.« In der volkstümlichen Fassung heißt das nichts anderes als: »Was du nicht willst, das man dir tu, das füg auch keinem anderen zu.« Dies ist lebendige Philosophie.

Und was bedeutet das? Es bedeutet, dass unser ganzes Verstehen von Welt, also auch unser Selbstverständnis, unser Selbstgefühl und unsere Selbstsicherheit im Moralischen verwurzelt ist. Und dieses Moralische ist wiederum eng damit verknüpft, dass wir die Welt aus den allerfrühesten Liebesbindungen erfahren.

Verstehen wir nun, warum wir diese empfindsamen, diese auf das Ich zurückgebogenen Konzepte für das Lernen brauchen? Es ist kaum eine Übertreibung zu sagen, dass das eindressierte, das methodische Lernen bei Kindern, denen dafür das freie Spiel genommen wird, eine Verletzung der kindlichen Moral darstellt.

Wenn ein Kind erfahren hat, dass es sich auch aus der Berührung, der Bewährung und dem Gleichklang mit anderen selber spürt und froh wird, dann kann dieses Kinder-Ich gar nicht wollen, dass dem anderen ein Böses durch mich geschieht. In gewisser Weise geschieht es ja auch ihm.

Die Spiegelneuronen, die seit einiger Zeit durch die Gehirnforschung geistern, bestätigen dasselbe auf biologischer Ebene. Es ist eine umfassende komplexe Wahrheit, wie die Bindungstheorien auch. Sie werden wiederum von der Tiefenpsychologie ebenso bestätigt wie von der Verhaltensforschung und der Philosophie (und auch vom religiösen Denken).

Wer diese Tiefe auch des Religiösen, dieses Moralische nicht im Lernen mit anstiftet, ist ein schlechter Lehrer. Nun schauen Sie mal in die Programme der »Exzellenzpädagogik«, was Sie dort über Moral (nicht einfach richtig dirigiertes Verhalten, sondern Moral in diesem vertieften Sinn) finden können. So gut wie nichts. Die gesamte Tiefendimension des Lernens ist in diesen Lernkonzepten mit ihrem formalistischen Charakter ausgeblendet. Für Kinder kann das nicht gut sein.

Kinder sind komplexere Wesen, kompliziertere, vielfältigere, wärmere, klügere – und, wie wir sahen – auch moralischere, als solches verplantes Lernen bedenkt. Wirkliches Lernen ist insofern immer ein Denken und ein Mit-Denken, ein Denken mit den anderen. So eröffnen diese mir immer neue Gedanken, die die eigenen überschreiten. Kreativität und Lust auf die Welt, und dann auch noch das verträumte Ganz-allein-im-Spiel-Sein und ebenso auch das Spaßige mit den anderen Kindern, mal laut und quietschig, mal leise und konzentriert – aus all dem ergibt sich Gemeinschaftlichkeit. Nicht einfach als eine »Du sollst das!«-Forderung, sondern als eine Eigenheit, als innere Wahrheit des Kindes.

Im Übrigen: Wenn wir in die Jugendgefängnisse schauen, dann finden wir zu weit über 90 Prozent bindungsgeschädigte Menschen, bindungsverarmte Menschen, arm und hilflos in ihrer Selbstdestruktivität. Jedem Stückchen Kinderleben, das diese Verarmung unterstützt, müssen wir uns entgegenstellen, und jedem kleinen bisschen Leben, das sich mit der Moral verschwistert und mit der Liebe, müssen wir Kraft geben. In der »Exzellenzpädagogik« spielt dies alles keine Rolle. Verabschieden wir uns doch einfach von ihr.

Geben wir unseren Kindern stattdessen Freizügigkeit und Herzensgüte – besonders als Eltern. Wir haben dann zwar immer auch noch maulige Kinder, mürrische Kinder, trotzige Kinder, aber niemals solche, die ganz und gar in die Irre gehen.

Fröbel sagte, dass alles, was ein Kind braucht, in einer guten Erziehung dies sei: »Vorbild und Liebe«. Vorbild freilich meint nicht, dass einem Kind gezeigt und vorgemacht wird, wie man sich richtig verhält. Vorbild ist bei Fröbel etwas viel Tieferes, es umschreibt das ganze Sein eines guten Pädagogen, seine Gefühle, seine Blicke, sein irdisches und überirdisches Dasein.

Ich hatte vor einiger Zeit eine Begegnung mit einer jungen Grundschullehrerin. Sie war relativ unerfahren, aber ein liebevoller Mensch. Sie hatte eine 1. Klasse vorgefunden, in der es drunter und drüber ging. Von den 25 Kindern wären fünf oder sechs unter das sogenannte

ADHS-Syndrom gefallen, mindestens drei Mädchen hatten andere seelische Störungen. Es war ein Trubel und ein Lärm wie in einer Fabrikhalle.

Die junge Frau pochte nicht auf Disziplin, sie knallte nicht mit irgendeinem Lineal auf das Pult, nein, sie schaute mich ganz vergnügt an und sagte: »Wissen Sie was? Die wollen alle nur geliebt werden.« Eine Fröbel-Schülerin, ob es ihr bewusst ist oder nicht.

Und es gelingt, es gelingt übrigens immer wieder. Kein Kind kann der Liebe widerstehen, solche Kinder gibt es gar nicht.

Keine zwei oder drei Wochen brauchte diese junge Frau, um ihre Klasse »im Griff« zu haben, aber nicht im harten disziplinarischen Griff der Bedrängung und Ängstigung, sondern im Halt der Liebe. Wenn sie die Klasse betrat, dann war das für diese an dissoziale gesellschaftliche Verhältnisse gewohnten Kinder wie ein neuer Erlebnisraum. Ihr Körper, ihre Stimme, alles prägte sich neu, und für die Kinder begann in den Stunden mit ihr eine andere Welt. Sie horchten, sie horchten auf, sie gehorchten ihr, es waren die ruhigsten Stunden in der ganzen Schule. So ist Pädagogik »exzellent«.

Diese Lehrerin hätte bei einem dieser klugen Menschenerzieher – Fröbel war nur einer davon – gelernt haben können. Sie drang vermutlich mit einer klugen Intuition in das individuelle Lernen und das soziale Geschehen ringsum ein – und gewann. Dies kann man alles an großen Pädagogen lernen, wenn man nicht immer nur nach »Methode, Methode, Konzept« schielt, sondern nach den Kindern.

[1] Zitat aus dem *Stern*-Ratgeber Bildung »Die beste Schule für mein Kind«, Heft Nr. 1/2010, auch im Folgenden

[2] Ebd.

[3] Ebd., auch im Folgenden

»Alles wird anders und neu!«
Der geheime Auftrag
von Bildung

»MIT JEDEM KIND BEGINNT DIE WELT NEU«, sagt ein chinesisches Sprichwort. Der jüdische Prophet und Menschensohn Jesus teilte diese Haltung. Die Kinder beginnen die Welt von vorn, in ihnen wird die menschliche Entwicklungsgeschichte noch einmal durchlaufen. Von den frühesten amphibischen Anfängen bis in den allerersten Schrei, die allerersten Spuren von Bewusstheit, Erschrecken und Fremdheit: Alles ist in dieser kleinen Existenz versammelt.

Ein Kind ist bereits vor, während und nach der Geburt viel mehr als das Individuum, zu dem es heranreifen wird. Es ist Teil der Menschengeschichte, Teil des Weltgeheimnisses, aus dem das Menschsein hervorgegangen ist. Wer weiß schon, wie? Es ist damit auch Teil jener Gläubigkeit, die in den prophetischen Passagen des jesuitischen Lebens beschworen wird: »Ich bin Mensch, ich bin Sohn, ich bin erhoben über das irdische Dasein und doch, bis in die tiefste Todesnot, mit ihm verbunden.«

Ich behaupte: Wem sich das Wunderbare der lebendigen kindlichen Existenz, des puren Daseins nicht mitteilt, wer nicht spürt, wie sich in jedem allerersten Schrei und den frühesten Bewegungen ein Menschheitsschicksal offenbart, eines, das mehr als nur dieses eine Kind, sondern Kindheit und Menschheit insgesamt umfasst, wer dies nicht empfindet, dem fehlt etwas Elementares für das, was er später benötigt an Geduld, an Dauer und Konzentration dafür, sein Kind zu behüten und zu begleiten.

Jesus war Mensch und Gott, aber jedes Kind ist es auf seine Art auch. Jedes ist ein Einzelnes und reift zur Individualität heran und umgreift doch das ganze Menschengeschlecht und teilt sein Geheimnis. Ist solch ein Blick schwulstig, sentimental, ungenau? Ich bezweifle das.

Schauen wir die Kinder mit solch erstaunten, bewundernden Augen an und erkennen wir in ihnen zugleich »unser Kind«, Teil unseres Selbst und Teil jener unendlichen Liebe, die ein Kind umfängt, wenn die Eltern sie sich nicht selbst versagen aus mancherlei Gründen, dann haben wir jene Einigkeit erreicht, von der die Evangelien sprechen: Mensch sein und darüber hinausgreifen, ins Unsterbliche, ins Allgemeine und Ewige. Und was verbindet beides? Paulus sagt es und Jesus sagt es auch: die Liebe. Das versteht, wer es versteht. Und wer es nicht versteht, wird es nie erfassen.

So allgemein, so ungenau? Ja, genau dies. Nur allgemein ist es nicht und unkonkret schon gar nicht. Allgemein und unkonkret sind jene Methoden, die auf den Titelblättern von manchen Elternzeitschriften angezeigt werden: »7 Schritte zum Selbstbewusstsein« oder »So wird Ihr Kind stark« oder Ähnliches. Sie haben das Geheimnis vergessen, das Geheimnis der Herkunft, die Besonderheit des Menschseins.

Ohne dieses Geheimnis wird kein Kind stark, keine dieser Methoden »funktioniert«, keine einzige dieser Stärkungen führt zur inneren Stärke, allenfalls zur vergeblichen Anstrengung und Frustration, die die Kinder schließlich, die Enttäuschung ihrer Eltern bemerkend, mit Angst beantworten.

Und dies lernen wir von Jesus: der Blick auf das Kind als etwas, das uns ganz und gar zugehört durch die Liebe. Aber die Liebe ist mehr als Du und Ich, als unser Empfinden von diesem Moment und dem anderen, zumal dieses Empfinden oft durch Enttäuschung oder Müdigkeit auch abbricht. Die Liebe ist größer, sie eifert nicht, sie bläht sich nicht, wie der Apostel sagt – sie ist mehr als nur der einzelne Mensch, mehr als Mama und Papa und doch ganz und gar die Wirklichkeit von Mama und Papa. Dieses Paradox zu erfassen, ist das Geheimnis glücklicher Erziehung.

Du bist mehr als ich, mein Kind. Du bist mir vom Himmel zugefallen, in jeder deiner Bewegungen, deinem Aufrechtgehen, deinem Wegrennen, das mir so mühsam ist, weil ich jedes Mal hinterherrennen muss (ich habe ja Angst vor den vorbeirasenden Autos und Radfahrern). In jedem deines Lachens und jedem deines Weinens spricht etwas zu mir, das mehr ist als Du und Ich.

Lernen wir dieses Staunen, diese kleine zögernde Bewunderung, bevor wir unser Kind regeln und regulieren, möglicherweise schimpfen und, wenn wir erbarmungslos genug sind, sogar strafen. Lernen wir dies, so erzeugen wir ein tiefes Gefühl des Glücks in diesem Kind.

Worin besteht die Grundlage seines Glücks? Es ist versöhnt mit seinem Menschsein. Menschsein aber, sagte ich, ist gleichzeitig mehr als nur einzelnes Wesen, selbst behauptendes und selbstbestimmtes Wesen sein. Es ist Menschengeschick und, darüber hinaus, Geheimnis seiner Herkunft, es ist göttlich. Es ist Mensch und Sohn, Gott und wirklicher Mensch, es ist Jesus ähnlich. Das ist der Blick, das Verstehen, die Intuition, die wir auf unsere Kinder richten, wenn wir sie erheben wollen. Nicht über uns hinaus, ganz und gar nicht, nicht idealisieren, auf gar keinen Fall, bloß nicht! Sondern beglückt und zugleich realistisch in der Wahrnehmung ihrer Existenz, die wir verstehen und die unser Verstehen übersteigt. Sie lehrt uns Bescheidenheit und Beschützen.

Gute Eltern sind so. Sie müssen sich nicht anstrengen dafür, sie müssen nicht perfekt sein, sie müssen einfach nur Eltern sein. Jene also, die dieses Wunderbare hervorgebracht haben.

Literaturhinweise

Bergmann, Wolfgang: *Disziplin ohne Angst. Wie wir den Respekt unserer Kinder gewinnen und ihr Vertrauen nicht verlieren*, Weinheim: Beltz, 2. Aufl. 2009

Bergmann, Wolfgang: *Geheimnisvoll wie der Himmel sind Kinder. Was Eltern von Jesus lernen können*, München: Kösel, 2. Aufl. 2010

Bergmann, Wolfgang: *Gute Autorität. Grundsätze einer zeitgemäßen Erziehung*, Weinheim: Beltz, 4. Aufl. 2008

Bergmann, Wolfgang: *Halt mich fest, dann werd ich stark. Wie Kinder fühlen und lernen*, München: Pattloch 2008

Bergmann, Wolfgang: *Die Kunst der Elternliebe. Von dem, was uns zusammenhält*, Weinheim: Beltz 2011

Bergmann, Wolfgang: *Warum unsere Kinder ein Glück sind. So gelingt Erziehung heute*, Weinheim: Beltz, 3. Aufl. 2009

Hauser, Uli: *Eltern brauchen Grenzen. Lasst die Kinder Kinder sein*, München: Piper, 3. Aufl. 2010

Krenz, Armin: *Kinder brauchen Seelenproviant. Was wir ihnen für ein glückliches Leben mitgeben können*, München: Kösel, 2. Aufl. 2009

Röhr-Sendlmeier, Una M. (Hrsg.): *Frühförderung auf dem Prüfstand. Die Wirksamkeit von Lernangeboten in Familie, Kindergarten und Schule*, Berlin: Logos 2007

Scholz, Gerold (Hrsg.): *Bildungsarbeit mit Kindern: Lernen ja – Verschulung nein*, Mülheim/Ruhr: Verlag an der Ruhr 2006

Stöcklin-Meier, Susanne: *Spiel: Sprache des Herzens. Wie wir Kindern eine reiche Kindheit schenken*, München: Kösel 2010